マッキンゼー流
図解の技術
ワークブック

SAY IT WITH CHARTS WORKBOOK
Dozens of Hands-On Exercises to Improve Your Presentations!

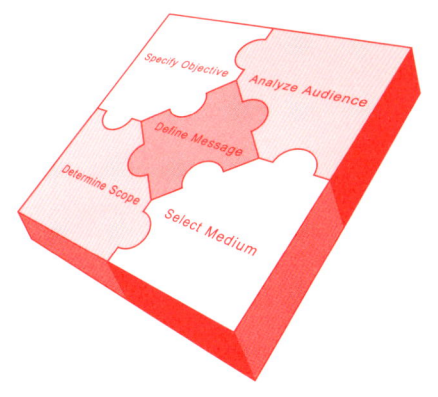

マッキンゼー・アンド・カンパニー
ビジュアル・コミュニケーション・ディレクター
ジーン・ゼラズニー 著

数江良一／菅野誠二／大崎朋子 訳

東洋経済新報社

〈編集協力〉
スティーブ・サクソン

Original Title:
SAY IT WITH CHARTS WORKBOOK
By Gene Zelazny

Copyright © 2005 by Gene Zelazny

Japanese translation rights arranged with The McGraw-Hill Companies, Inc.
through Japan UNI Agency, Inc., Tokyo.

訳者まえがき
──本書を学習する前に

　プレゼンテーションに慣れていない人は往々にして、最も大切な提言やメッセージ、つまり結論を後回しにする。代わりに、延々と分析のプロセスを語ってしまう。聞き手のもっとも知りたい「WHAT（何をやるべきか）」、「HOW（どのようにやるか）」、および「WHY（なぜその打ち手が有効か）」は最後まで聞かないとわからないという事態が発生する。

● プレゼンテーションにまつわる2つの勘違い

　プレゼンテーションは分析プロセスをそのまま再現すればよいという勘違い、これが結論の後回しという事態を引き起こす。
　たしかに、プレゼンテーションに至るまでのプロセスは苦労が多いため、「今まで行なってきたことをすべて示したい」という気持ちになってしまうのは無理もない。話し手を含めたプロジェクトチームはまず、問題や課題にまつわる情報を広範囲に収集し、議論・整理・分析を行なう。さらに、議論・整理・分析をもとに解決策への仮説を設定しては検証し、解決策に至らなければ仮説設定・検証のプロセスを何度も繰り返す。その上で、問題や課題を解決するにあたりいくつかの解決策を探し出し、状況にもっともふさわしいという納得感のあるものを選択して、提言としてとりまとめることになる。決して楽なプロセスではない。
　しかしながら、プレゼンテーションは苦労したプロセスを再現する場所ではない。議論の末にたどり着いた提言やメッセージを納得してもら

い実行に移すべく、聞き手を説得する、あるいは聞き手に決断を迫る場所である。だからこそ、提言から始めるべきである。この点については日本でプレゼンテーションの重要性が認識されるにつれて、大分定着してきたように思う。

しかし、まだまだ勘違いされていることがある。プレゼンテーションに際して、話し手とその人物を含むプロジェクトチームが議論の過程で利用してきた資料をそのまま、プレゼンテーションのチャートに転用してしまうという勘違いである。

● 脇役「チャート」作成は意外に難しい

プレゼンテーションに際してチャートは脇役である。主役は話し手が口頭で行なう説明や解説、つまり聞き手の耳に入っていく言葉である。脇役であるチャートの役目は話し手の説明や解説がより効果的になるようにサポートすることだ。

この点を理解していないと、議論・整理・分析の際には必要であった、やたらと細かいグラフや、数値や文字がたくさん詰め込まれた表などといった資料をそのまま、プレゼンテーション用のチャートとして羅列することになる。羅列されたチャートは議論・整理・分析などで思考する際に必要とされていた資料であるため、思考された結果であるメッセージが反映されていない。

これではチャートは話し手の言葉をサポートするものとはなりえない。プレゼンテーションで使うチャートは、複数、時には大勢の聞き手に視覚的に訴えて、一瞬にして話し手のメッセージを伝えるものであるべきだ。

まず、こうしたことを意識するのが効率的なチャートを作成する秘訣

である。しかし、実際に作成してみると、本書に問題として掲載されている悪い例に似たものが出来上がってしまう。本書の問題に取り組んでいくと、読者の多くが身につまされることだろう。

●本書に取り組む前に押さえておくべきこと

　本書に取り組むに際しては、事前にジーン・ゼラズニー氏による2冊の著書、*Say It with Charts*（邦訳は『マッキンゼー流　図解の技術』）、*Say It with Presentations*（邦訳は『マッキンゼー流　プレゼンテーションの技術』）を読んでおくことが望ましい。しかし、本書を手に取った方の中にはこの2冊を読んでいない方もいるだろう。
　そうした方々のために本書に取り組むに際して、どうしても押さえておいてほしい点を説明しておきたい。

●自分がつくりたいのは
　データチャートか、コンセプトチャートか？

　チャートは一般的に2つに大別できる。定量的情報、つまり、数値データを利用してチャートを作成するデータチャートと、言葉とビジュアルのイメージで概念を表現するコンセプトチャートがある。
　データチャートとは本書の図表1-3〜1-8のような図であり、コンセプトチャートは図表1-9〜1-10のような図である。まず、自分がつくっている、あるいは、つくろうとしているチャートがどちらであるかを判別してほしい。

　自分の作成するチャートがデータチャートであるならば、「メッセージを決める」、「比較方法を見極める」、「チャートフォームを選択する」

というステップを踏む必要がある。

● データチャート作成のステップ①
　──メッセージを決める

　メッセージとはあなたが示したいこと、言い換えればあなたが強調したいデータである。そして、メッセージがチャートフォームを決定することを肝に銘じておいてほしい。例えば、製造業のX社に主要な製品が3つあり、それぞれの売上げが以下のような場合を考えてみよう。

例　製造業X社の主要製品の売上げ

	4月	5月	6月	7月	8月	9月
製品A	45.0	40.0	35.0	40.0	40.0	40.0
製品B	35.0	50.0	60.0	70.0	75.0	80.0
製品C	15.0	26.0	31.0	36.5	39.5	45.0
合計	95.0	116.0	126.0	146.5	154.5	165.0

（単位：100万円）

　あなたのメッセージが「製品Aの売上げが4月から6月に落ち込んでいるものの、7月からは安定している」であれば、折れ線グラフ（本書ではラインチャートと呼ぶ）を用いて、製品Aの売上推移を示せばよい。ここでは、製品B、製品Cのデータは不要である。そこで「せっかくだから」という気持ちで製品Bや製品Cの推移を示してしまえば、「製品Bと製品Cの売上げが伸びている」という余計な解釈を聞き手が行なってしまう可能性がある。
　また、「4月においては製品Aが全社の売上げの50パーセントを占めていた」というメッセージならば、4月の各製品の売上データを円グラフ（本書ではパイチャートと呼ぶ）で示してやれば、売上構成比がわか

る。他の月の売上構成比まで円グラフで示してしまうと、「製品Bの売上げが全社の総売上げのうち、シェア1位になった」という余計な解釈を聞き手がしてしまう可能性がある。

　プレゼンテーションを行なうために、事前に収集するデータはかなりの量になるだろう。しかし、実際に使用するデータはプレゼンテーションで述べるメッセージをサポートするためのものに限定されるべきだ。不必要なデータを提示したところで、聞き手を混乱させるに過ぎないことを肝に銘じておいていただきたい。

●データチャート作成のステップ②
──比較方法を見極める

　データに基づいたメッセージは必ず5つの比較方法のどれかを用いて表現することになる。5つの比較方法とは、コンポーネント比較法、アイテム比較法、時系列比較法、頻度分布比較法、相関比較法である。それぞれ解説していこう。

■コンポーネント比較法

　この比較法は全体に対して各パート（本書では構成要素、コンポーネントとも呼ぶ）が占める割合を示す。例えば、先ほどのX社の例で言えば、「製品Aは5月の総売上の50パーセントを占めた」といったような場合である。シェアやパーセントといった言葉が使われた際に用いる比較法である。

■アイテム比較法

　企業、国、個人、産業、製品名などといったアイテム（項目、事項）の順位を述べる場合に使用する。例えば、先のX社の例で言えば、「8

月の製品Aと製品Cの売上げはほぼ同じである」、「上半期（4～9月）の全社における売上げトップの製品はBである」といったメッセージのように、他と比較して、同じか、多いか、少ないかを示す場合に使われる。

■ 時系列比較法

ある期間内での変化、あるいは変化しないことを示す場合に使用する。「上半期（4～9月）の製品Cの売上げは伸びている」、「上半期において製品Aの売上げは若干の変動はあるものの安定している」といったようなメッセージを述べる際に使用する。

■ 頻度分布比較法

数値として連続するレンジ（区切り）の中にアイテム（項目、事項）がいくつ該当しているかを示すものである。例えば、X社の例で言えば「製品Aの1カ月当たりの売上げはすべて3500万～4500万円の範囲に収まる」などのようになる。他にも、「年収1000万円以上の従業員は50～54歳に集中している」、「昨年の離職者の大半が25～29歳の年齢層の者であった」、「当社の従業員の年齢分布と競合Y社の年齢分布は大きく違う」などと分布を示す際に使用する。

■ 相関比較法

2つの変数の関係が予測できるパターンにしたがっているか、あるいは、したがっていないかを示す。X社の例で言えば「製品Bの売上増に伴って、製品Cの売上げも増加している」、「製品Aと製品Bの売上げには相関関係はない」といったメッセージである。他にも「年齢に応じて給与が上がっていく」といったものも、この比較法で示される。

●データチャート作成のステップ③
　──チャートフォームを選択する

　チャートフォームの基本形は、パイチャート（円グラフ）、バーチャート（横向きの棒グラフ）、コラムチャート（縦向きの棒グラフ）、ラインチャート（文字通り、線で表現されるもの）、ドットチャート（点と線で表現されるもの）の5つである。この中でどれを選べばよいかは、本書18ページに掲載されている「図表1-1　データチャート作成のガイドライン」を見ればわかる。比較法に応じて、使用できるチャートフォームは決まってくる。

　図表1-1では時系列、頻度分布、相関といった3つの比較方法は2つのフォームから1つを選ぶことになる。選択の基準はデータの数やレイアウトによって判断することが多い。時系列や頻度分布といった比較法はデータ数が少ない場合にはコラムチャート、多い場合にはラインチャートを使用する。また、相関比較法の場合、データ数が少ない場合にはバーチャート、多い場合にはドットチャートを使用する。

　図表1-1のガイドラインはチャート作成の指針とするべきものであるが、時として例外も起こりうる。必ずしたがうべきものとは限らない。あなた自身が熟慮の上、「例外的に処理したほうがよい」と判断すれば、その判断を尊重しても構わない。

　さて、次に言葉とビジュアルのイメージで表現するコンセプトチャートをつくる際のポイントを述べよう。

●コンセプトチャート作成のステップ①
　──メッセージの決定

　データチャートと同様にメッセージを決定することが必要である。メッセージの言葉が決まらなければ、どんなビジュアル・イメージを採用するかを決定できない。

●コンセプトチャート作成のステップ②
　──絵柄を見つける

　次に決定したメッセージにふさわしい絵柄を見つける。基本的な絵柄は19ページの「図表1-2　コンセプトチャートの基本形」があるので、これを参考にしてほしい。作業のフローや実行手順を示すのが目的であれば、「フロー」や「プロセス」を示す図を使えばよい。さまざまな要因がある1つの事柄に影響を及ぼすことを表現したいのであれば、「フォース・アットワーク（場に働きかける力）」の図を利用すればよい。絵柄が適正であるかどうかは、あなたが言わんとしているメッセージをうまくサポートしているかどうかで決まる。コンセプトチャートはメッセージと比較法を決めれば、おのずとチャートフォームが決まるデータチャートほど楽ではない。絶対の正解はないので、さまざまな形を試しながら、ピッタリとくるものを探すほかはない。図表1-2に示している基本形以外にも、『マッキンゼー流　図解の技術』のSection 3にはさまざまなビジュアルの事例が掲載されているので、参考にしてほしい。

●創造的な「ひらめき」を鍛える

　ここまでで、チャートの分類や作成ステップについて述べてきたが、

チャートをつくるに際してはどうしても言葉で説明のしようがない、創造的な「ひらめき」が必要な場合がある。
　これはどのようにして身につくのだろうか。著者ゼラズニー氏はこう述べている。

「創造力も他のすべてのことと同様に、鍛えれば鍛えるほど身につくものなので、ひたすら練習あるのみ」

　本書はチャートをつくる創造力を磨くのにうってつけのワークブックである。ぜひチャレンジしていただきたい。

　2005年7月

数江良一
菅野誠二
大崎朋子

原著まえがき

　すでに刊行された *Say It with Charts*（邦題『マッキンゼー流　図解の技術』）では、ビジネスパーソンがプレゼンテーションの資料作成に取り組むのを容易にするための手法をいくつか紹介している。これらを活用すれば、説得力に富み、パワフルで、なおかつ、注目を集めるようなプレゼンテーションの資料が作成できるはずだ。しかし、あなたがこうした技術の習得に挑戦しているならばおわかりいただけると思うが、この作業は思いのほか時間と忍耐を要し、たゆまぬ反復練習をしいられるものだ。

　そこで私はそうした方々のためにこのワークブックを作成した。

　このワークブックでは、以下の3つを提供した。

- 私がこれまでにビジネスの現場から集めたさまざまなチャート
- これらのチャートにあなた自身で改善を加えるチャレンジの場
- 情報をより迅速かつ明確に伝達するために私が提案する改善策

　このワークブックでは、ページをめくって私の解答を見たいという衝動に打ち勝つことからあなたの挑戦が始まる。

　まず、個々のチャートを十分に吟味していただきたい。そして、チャートの下段に設けた余白にあなたなりの改善案を描いてみてほしい。

　そこまでやってから初めてページをめくり、ビジネスの現場で必要に応じて私が実際に作成したチャートを見ていただきたい。私が思いついた改善策、そしてそれを導き出すベースとなった考え方をあなたの到達

した改善策と比較してみてほしいのだ。

　この課題にチャレンジする際に心得てほしいのだが、私は自分の用意した解答がベストだと言うつもりは全くない。いや、それどころか、あなたの解答でも私が示した解答例と同じような効果が生まれるのではないかと私は確信している。厳しい目をもってチャートを観察し、どの程度の改善をするかを決定していくことこそ重要だ。

　もう1つ、これらの演習を順番どおりに解く必要がないことも心得ておいてほしい。どれから始めても構わない。1つの問題に取り組んでは、自分の考える改善策をサッと描いてみる。新しいアイデアがひらめいたときには、前の似たような問題に戻って試してみる。

　そんなやり方で問題をいくつかこなすうちに、「チャートと**たわむれること**」がいかに面白いかを実感してもらえるにちがいないと思う。

CONTENTS

訳者まえがき …………………………………………………………………1
原著まえがき …………………………………………………………………11

第1章 チャート作成の基本事項を確認しておこう

1 チャートは大きく分けて2種類 …………………………17
　データチャート──比較方法に応じてフォームを選択 …………17
　コンセプトチャート──状況を描くチャート ……………………17
2 チャート改善のための方法 ………………………………20
　解決法1　単純にするアプローチ ……………………………………20
　解決法2　枚数を多くするアプローチ ………………………………23
　解決法3　視点を変えるアプローチ …………………………………25
　解決法4　クリエイティビティーを駆使するアプローチ …………28

第2章 実際にチャートを描いてみよう

問題1	縦軸と横軸を入れ替える ………………………31
問題2	6つの図に分割する …………………………34
問題3	言いたいところを強調する ……………………38
問題4	ダイヤグラムで印象づける ……………………42
問題5	煩雑さを解消し、シンプルに …………………45
問題6	重複表示を回避する ……………………………48
問題7	表を図にする ……………………………………51
問題8	レイアウトを工夫する …………………………54
問題9	矢印の使い方に注意する ………………………57
問題10	メッセージを裏打ちする ………………………61
問題11	目線が泳ぐのを防ぐ ……………………………64

13

問題12	図と表を組み合わせて使う	67
問題13	要素が多い場合は整理する	70
問題14	1枚につきメッセージは1つ	73
問題15	メッセージを素早く伝達する	77
問題16	増減を表現する矢印を使う	80
問題17	表の使用で重複表示を避ける	84
問題18	初歩的な原則を適用する	87
問題19	「何を伝えたいのか」を考える	90
問題20	読みにくい表示を回避する	93
問題21	枚数を増やしイラストを使う	96
問題22	複雑すぎるチャートを改善	99
問題23	上手に枚数を増やす	104
問題24	コンセプトとメタファーを使う	109

訳者あとがき …… 117
索引 …… 121

装丁　重原　隆
本文デザイン／図版　㈱マッドハウス

SAY IT WITH CHARTS WORKBOOK 第 1 章

チャート作成の基本事項を確認しておこう

1 チャートは大きく分けて2種類

数値で表現するデータチャート、言葉とイメージで表現するコンセプトチャート、2つは表現するものに応じて使い分ける

　問題に取り組む前に、チャートの基本事項をざっと再確認しておきたい。『マッキンゼー流　図解の技術』を読んだ方にとっては取り立てて珍しいことではないが、チャートは一般に次の2つに大別できる。

- データチャート（数量を示すチャート）
  言いたいことを数値による図で表現するチャート
- コンセプトチャート（数量で表せないチャート）
  言いたいことを言葉とイメージで表現するチャート

　もちろん、チャートには両方の要素を兼ねそなえているものもある。

■データチャート──比較方法に応じてフォームを選択

　データは5種類の比較方法に言い換えることができる。
　それぞれの比較方法には、それを最適に表現する特有のチャートフォームがある。
　最適なチャートフォームを教えてくれるガイドラインを図表1-1に示した。

■コンセプトチャート──状況を描くチャート

　コンセプトチャートは、相互作用、相互関係、てこ（レバレッジ）、

図表1-1　データチャート作成のガイドライン

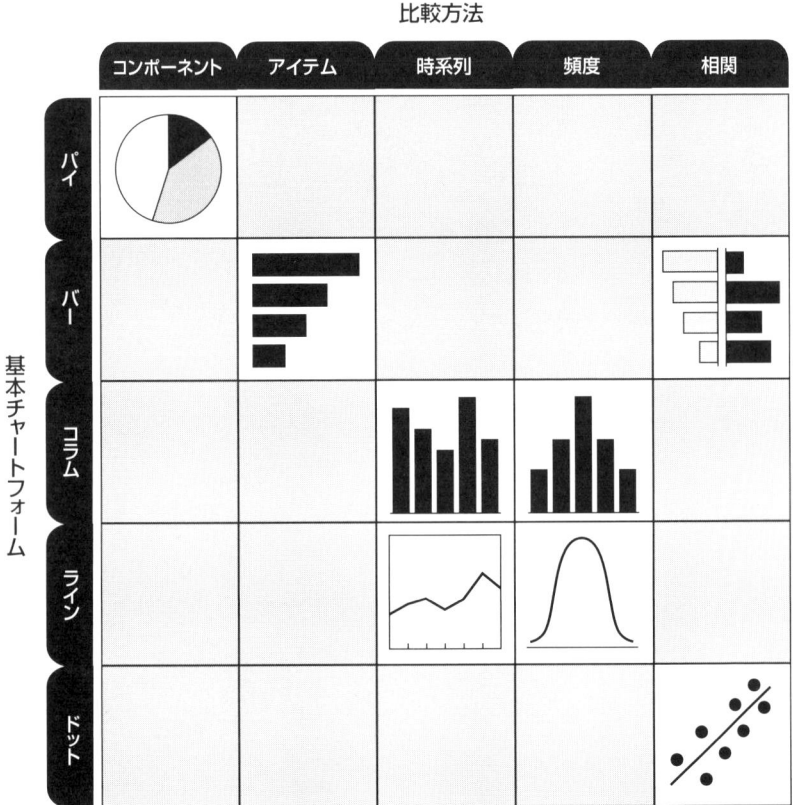

図表1-2　コンセプトチャートの基本形

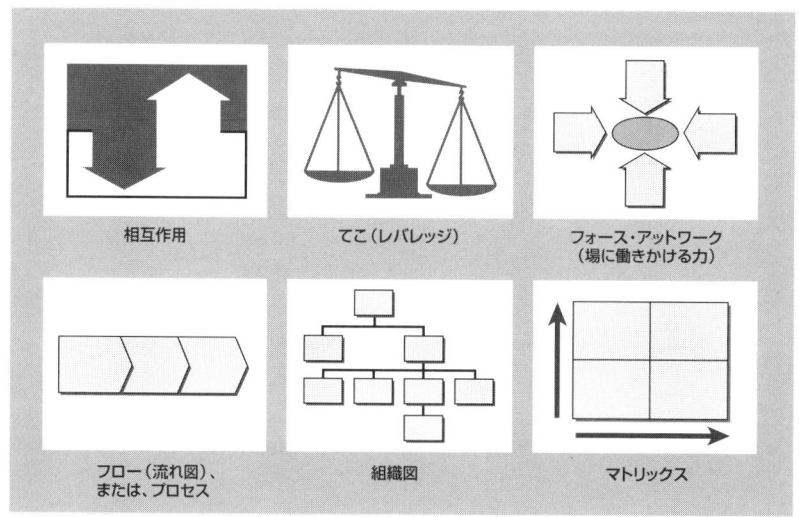

フォース・アットワーク（場に働きかける力）など、状況を描くチャートだ。その基本的な例を図表1-2に示している。ここで、このワークブックの演習に取り掛かる「手始め」として、『マッキンゼー流　図解の技術』に目を転じていただきたい。その中の「Section 3　コンセプトとメタファーを使う」に、数量で表せないチャートについて、さまざまな考え方を示している。

2 チャート改善のための方法

チャートを改善する方法を具体例とともに解説する。ポイントとしては単純化、分割、視点の変更、創造力の発揮などである

　このワークブックをこなしていくと、さまざまな事例が何の脈絡もなしに並べられていることに気づかれるだろう。これは気を抜かずに作業をしていただくための配慮だ。

　しかし、とにかく手をつけることができるように、データチャートとコンセプトチャート、どちらにも通用する大まかな解決方法をお教えしよう。これらですべてが網羅できるというものではないが、私は次のように分類している。

- 解決法1　単純にするアプローチ
- 解決法2　枚数を多くするアプローチ
- 解決法3　視点を変えるアプローチ
- 解決法4　クリエイティビティーを駆使するアプローチ

　それぞれの解決方法の実例については、次から始まる解説を参照してほしい。

■解決法1　単純にするアプローチ

　解決法1の単純にするアプローチでは、伝達したいメッセージの障害物となるような詳細事項をチャートの中から取り除く作業を行なう。しかしこれは必ずしも簡単に片づく作業ではない。聞き手にできるだけ多くの情報を与えたい、と思うのが人情だ。

図表1-3

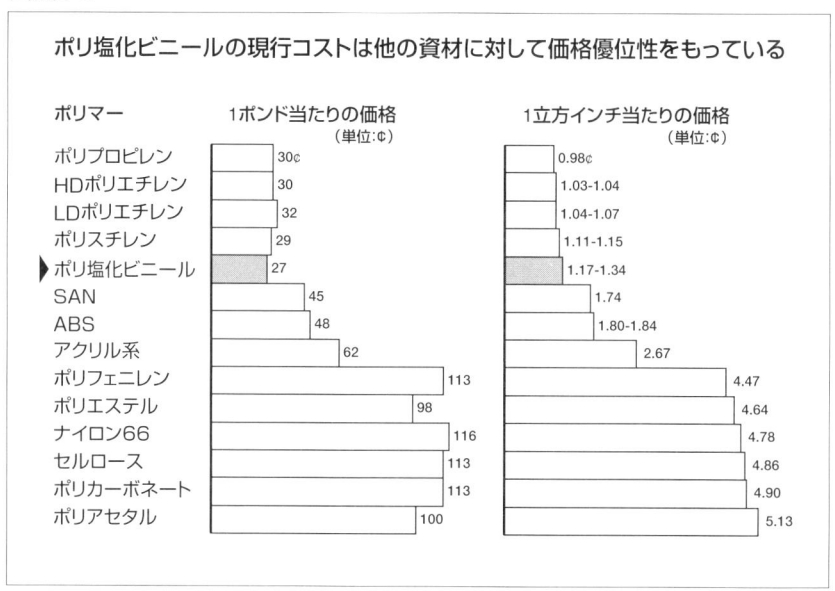

図表1-4

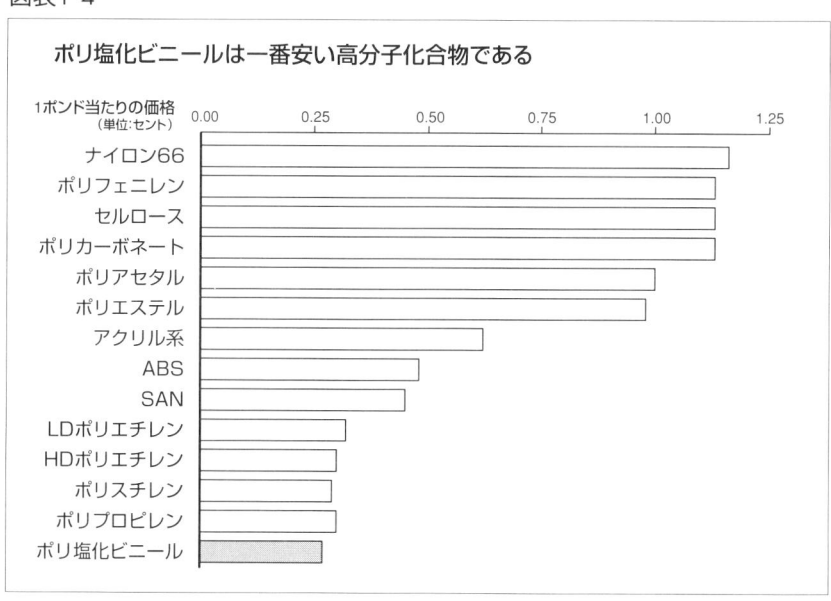

情報を過度に盛り込んだものを発表したくなってしまうのがやっかいなところで、実際には聞き手のほうがろくに情報を吸収できず、ほとんど何も記憶として残らない結果となってしまう。

この「単純にするアプローチ」で解決法を実行するには、自分がチャートで何を本当に伝達したいのか、このことを懸命に考え抜くことが要求されると同時に、メッセージを紛らわしくする要素をチャートから排除することが要求される。

1つ例をとってみよう。図表1-3のチャートは、ポリ塩化ビニールが最も低コストの高分子化合物であるということを立証するチャートだ。これを見ると、問題を解決する段階で検証用に使ったデータをなんでもかんでも詰め込んだな……と反射的に思わせてしまう。読み手が必要なだけ時間をかけて取り組める書類ならばこれでも問題はないのだが……。

聞き手の前に立ち、スクリーン上でチャートを見せる場合には、内容は大幅に単純化すべきなのである。

例えば次の2つの点である。

・同様のメッセージを伝達するのに、目盛りを2つ（1ポンド当たりいくら、1立方インチ当たりいくらかの2種類）も使ってコストパフォーマンスを表す必要があるだろうか
　➡答えはノー。**1ポンド当たりの値段だけで十分だ**
・バーの端にいちいちデータをつける必要があるだろうか
　➡答えはノー。**関連性を見せるには目盛りがあれば十分だ**

私はこうした変更によりチャートを単純化しただけでなく、バーの順番も変えた。ポリ塩化ビニールの位置づけをわかりやすくするために、高いものから低いものへという順に並べてみたのだ。データの少なくなった図表1-4では、ポリ塩化ビニールが他のどの高分子化合物より

も低コストであるというメッセージに焦点が絞られている。

■解決法2　枚数を多くするアプローチ

　解決法2の枚数を多くするアプローチは、メッセージが複雑すぎて1つのチャートでは伝達しきれない場合には、複数のチャートを作成するというものだ
　プレゼンテーションの目的によっては、「単純にしたほうがよくなる」方式の解決策の場合に削除されるはずの詳細も残しておくことが要求されることがある。そのような場合には、1枚に詰め込めるだけ詰め込んで、解説しきれるかどうかについては運次第であると腹をくくるしかないのだろうか。
　この場合に採用すべき改善策は、詳細を削除するのではなく、聞き取りやすいように小分けにし、1つずつ見せるというものである。
　プレゼンテーションのページ数はたしかに増えるが、それが心配になる場合には、次のことを呪文のように心に刻んでおこう。

　「スライド1枚に5つのアイデアを盛り込むのと、スライド5枚の各々に1つずつのアイデアを盛り込むのとでは、要する時間に違いはない」

　どういう意味であるかは、次の例で示そう。図表1-5は、集めた情報を1枚の用紙に盛り込んだもの。紙の状態でこれを配布する場合には、この1枚で用が足りるに違いない。解釈の方法が読み手に委ねられるのだから、記載されている情報の全部を好きなだけ時間をかけて検証することができる。
　ところが、聞き手にスクリーン上で見せるプレゼンテーションの場合

図表1-5

土木機械のビジネスシステム

ビジネスシステム要素	技術	製品設計	製造	セールス／マーケティング	配送	サービス
A社	・自社技術	・関連機器を開発している最適な下請業者にCAT作業を外注しているために技術投資が小規模	・外注による組立	・重点的投資 ・好況市場への売り込み ・競争価格設定	・大規模なディーラーネットワーク	・迅速な修理
B社	・自社技術	・自社機器開発への技術投資が大規模	・機器部品の大部分を垂直統合	・小規模投資 ・資産集中型セグメント ・競争価格設定	・小規模なディーラーネットワーク	・機械故障が低頻度

図表1-6

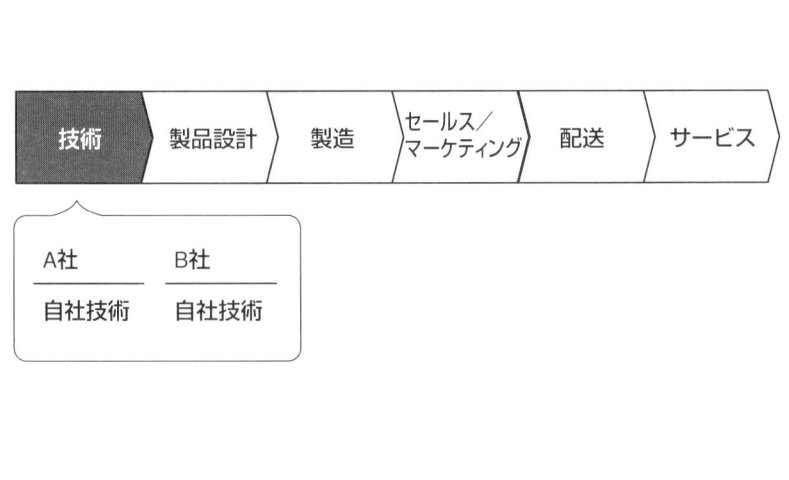

土木機械の競争

には、あなたが話し手として解釈の方法をコントロールする立場となる。したがって、読みやすいスライドを6枚使い、各スライドをビジネスシステムの構成要素の1つひとつに割り当て、その中で競合各社のアプローチを比較して示すのがよいだろう。

　この手法によって、一度に1つのアイデアを見せるので、聞き手がそのとき見せられているものに集中できるという利点が生まれる。こうすれば、今話し手から解説を受けていることと関係のない点に聞き手が気を散らすリスクも避けられる。

　さらに利点がもう1つ。チャート1つずつに記載する情報の量が減るので、スクリーンいっぱいに大きな文字を使用できるようになり、ずっと読みやすくすることができる。

■解決法3　視点を変えるアプローチ

　この解決法3の視点を変えるアプローチでは、今まで使ってきたチャートフォームをすっかり捨て去って、まったく異なるフォーム、すなわち伝えたいデータをもっとも適切に表せるフォームを使ってみる。
　実例で解説してみよう。図表1-7はたしかにシンプルではあるが、メッセージを確定するのがなかなか難しい。各コラムの上に添えてある数値を読まずに、どの国のマージンが上昇しているのか（あるいは、下降しているのか）を読み取れるだろうか。また、国の配列順序になんらかの論理的根拠があるのだろうか。
　このようなチャートについては、チャートのデータを効果的に表現できそうなチャートフォームを定めるために、図表1-1の「データチャート作成のガイドライン」に戻ることが役に立つ。この例では、ある企業の6つの地域における長期間にわたる利益幅を比較している。「時系列比較法」にはコラムチャートが適当である場合が多いのだが、

図表1-7

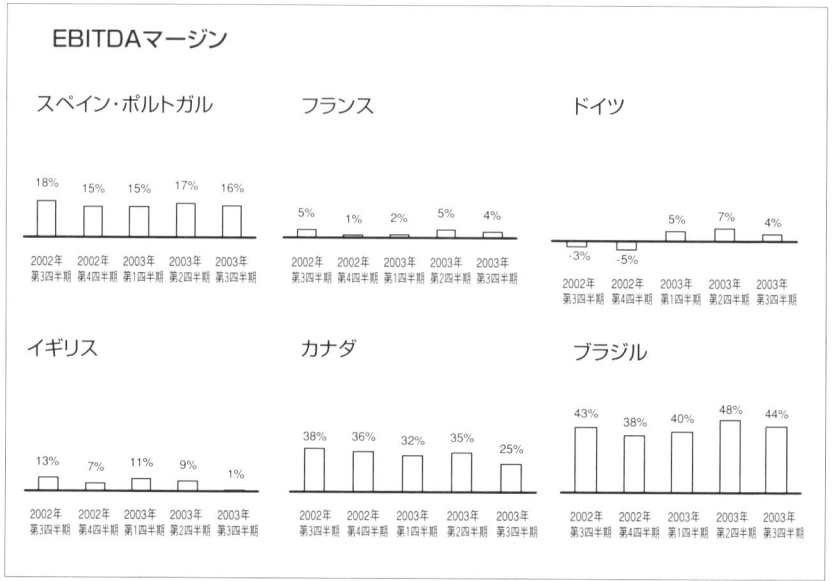

（訳者注：EBITDAマージンとは、売上高〈営業収益〉に対するEBITDAの比率。EBITDAはEarnings Before Interest, Taxes, Depreciation and Amortization の頭文字。利払い利息・税金・減価償却前利益の意味）

図表1-8

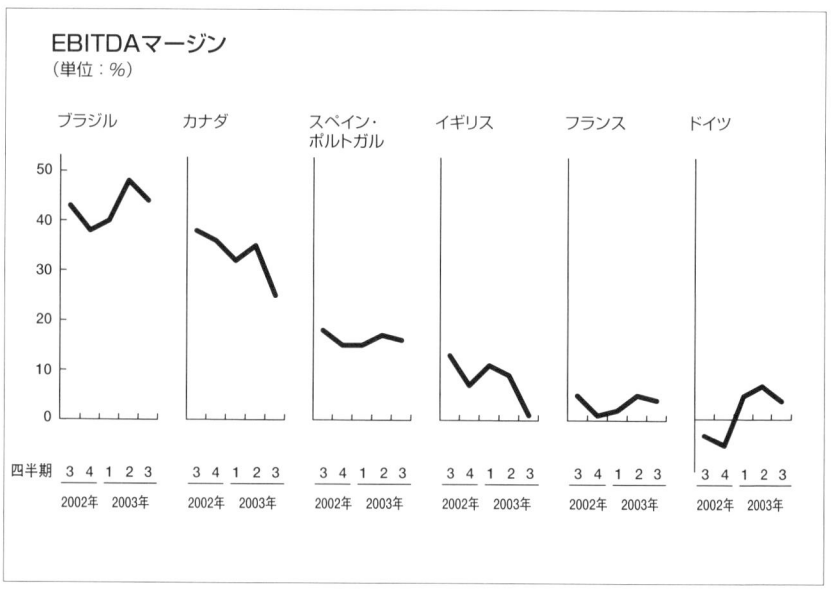

図表1-9

プレゼンテーションの技術

目的を特定する

聞き手を分析する

メッセージを決める

範囲を定める

伝達の手段を選択する

図表1-10

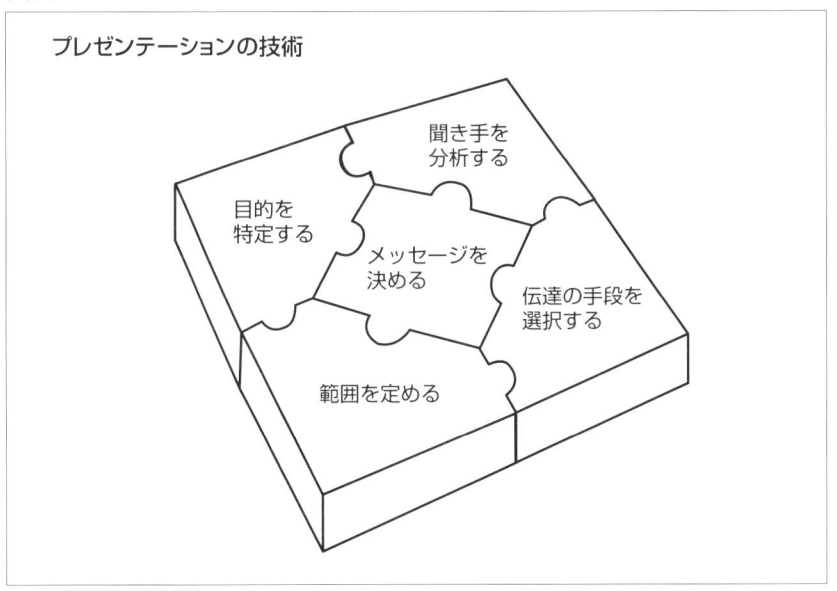

この場合には、ラインチャートに変更し、大きな目盛りを配し、国々を降順に並べれば、トレンドを一段と明確に表すことができる。どの諸国のマージンが最も高いか、トレンドがどう流れているかが聞き手に即座にわかるようになった。

■解決法4　クリエイティビティーを駆使するアプローチ

　メッセージの伝達には、基本的なテキストスライドさえあればそれで十分である、と私もためらわずに言うときもある。

　しかし一方で、クリエイティブなイメージを活用すると、あなたが、聞き手の興味をよりひきつけるようなストーリー展開を図るために役立ち、結果として、聞き手からより深い理解が得られるものだ。この本で示そうとしている解決策を一言で述べるとすればこのことにつきる。

　ここで紹介するのは、どんなビジネスプレゼンテーションの場合にも、企画の段階で役立つと思われる汎用的なステップをリストアップしたチャートだ。このケースでは、各ステップが互いに独自性を保ち、その並べ方に序列があるわけではない。そこで、聞き手により鮮明に記憶してもらうには、ジグゾーパズルのようなイメージが役立つと考えられるので、推奨したい。

　また、このパズルイメージは話の進行を知る手がかりの役割も果たしてくれる。つまり、あなたがストーリーを展開する際に、聞き手に今どこの章にいるのかを把握させるための手助けをしてくれるのだ。あなたは、ステップを追うごとにこのイメージを聞き手に提示し、自分が述べようとしている箇所に該当するパズルのピースを強調すればよい。そして、完成したパズルの全体像を示しながら、あなたが最も言いたいことを効果的に要約するのがよいだろう。

SAY IT WITH CHARTS WORKBOOK 第2章

実際にチャートを描いてみよう

あなたならどう改善する？

伝統的資材を最終的に使用する産業
（単位：%）

資材	市場												
	航空機/航空宇宙産業	娯楽/消費者	自動車/運送業	工業/機械	電気/電子産業	石油化学製品	建設/ビル	配管設備	梱包業	接着剤	家具/備品	その他	合計
PVC	--	4	3	--	8	--	64	--	10	2	6	3	100%
PP	--	15	7	--	8	--	--	--	22	--	24	24	100%
HDPE	--	10	5	4	4	--	10	--	52	--	3	12	100%

（訳者注：PVCはポリ塩化ビニール、PPはポリプロピレン、HDPEはHDポリエチレン）

解答欄

縦軸と横軸を入れ替える

視点を変えるアプローチを採用。表を図に変えれば常に見やすくなるわけではない。時には表のままにしておいたほうがよい

　問題1で示したものがその内容もメッセージも周到に考え抜かれたものであると仮定しても、このレイアウトでは（もっともあなたにはレイアウト自体があまりよく見えないかもしれないが）、その中身はまったく判読不可能であるといわざるを得ない。

　ここで1つはっきりさせておこう。表がプレゼンテーションに値するほど重要なものだとしたら、その表自体が読みやすいということもまた、それに劣らずに重要だということだ。そこで、この表を見やすくするための手を考えてみよう。

　たしかにデータがない欄（ハイフンで表示されている部分）を取り払うのも一手だろう。しかし、それだけではそれほど十分な助けにはならないだろう。いっそ図にしてしまってはどうかという解決法を耳にすることもある。しかし、図の場合には、表よりも広いスペースをとられるので、ここでは解決策とはなり得ない。また、たしかに、この表を左右に縦2つに割って、横2列の表にしてしまうことや、数ページにわたってバラバラにしてしまうことも考えられる。

　しかしながら、このケースにおける解決策はついうっかり見落しがちなほど単純だった。ただ両軸を入れ替えればよいというもので、今回私がとったのがまさにこのやり方だ。縦横の軸をひっくり返すだけで、文字のサイズが可能な限り大きくなり、見やすく表示できるようになった。この解決策によって、数倍も読みやすくなっていることがわかってもらえるだろう。

問題1

伝統的資材を最終的に使用する産業
(単位：%)

資材	市場 航空機/航空宇宙産業	娯楽/消費者	自動車/運送業	工業/機械	電気/電子産業	石油化学製品	建設/ビル	配管設備	梱包業	接着剤	家具/備品	その他	合計
PVC	--	4	3	--	8	--	64	--	10	2	6	3	100%
PP	--	15	7	--	8	--	--	--	22	--	24	24	100%
HDPE	--	10	5	4	4	--	10	--	52	--	3	12	100%

問題1の解答例

伝統的資材を最終的に使用する産業
(単位：%)

市場	資材 PVC	PP	HDPE
航空機／航空宇宙産業	−	−	−
娯楽／消費者	4%	15%	10%
自動車／運送業	3	7	5
工業／機械	−	−	4
電気／電子産業	8	8	4
石油化学製品	−	−	−
建設／ビル	64	−	10
配管設備	−	−	−
梱包業	10	22	52
接着剤	2	−	−
家具／備品	6	24	3
その他	3	24	12
合計	100%	100%	100%

問題 2　あなたならどう改善する？

ホールセール・バンキング・ビジネス

セールスとトレーディング
- 外国為替ベースの取引商品（ニューヨーク証券取引所）
- 店頭取引商品（FX、ボンドの大半、ロンドン・ストックなど）
- 取引所での取引と店頭取引から派生したデリバティブ
- 顧客および自己取引ビジネス

インスティテューショナル・アセット・マネジメント
- 国内社債と株式
- 国内インデックス／ストラクチャー・ファンド
- グローバル・ファンダメンタル・ファンド
- グローバル・インデックス／ストラクチャー・ファンド
- 現金／FX、不動産、ベンチャー、LBOファンド

リスク・マネジメント
- クレジット
- 市場
- 資金調達および流動資産
- 運用
- 環境面

有料サービス（現金、保管、信託サービス）
- 現金運用
- 企業信託
- CP（コマーシャル・ペーパー）発行
- 保管業務

企業向け貸付およびアドバイス
- 企業向けファイナンス／アドバイス
- M&A
- マーチャント・バンキング
- 証券引き受け業務
- ミドル・マーケット向けの貸付およびサービス
- 企業向け（個人向けに対して）貸付

解答欄

6つの図に分割する

枚数を多くするアプローチを採用。情報量が同じであれば、枚数を多くしても所要時間は同じ。聞き手の注意の分散を防ぐ

　このチャートは、メモ書きまたはレポート用としては実際に悪い出来とは言えない。しかし、大勢の聞き手に向けたスクリーンを使用したプレゼンテーションでは、6つのスライドに分けるほうがよいだろう。まず、1枚目のスライドで5つの象限のすべてを紹介した上で（問題2の解答例①）、2枚目以降に各象限の1つひとつをハイライトする形で順次示すとよい（個別のスライドについては、問題2の解答例②〜⑥を参照）。

　しかし、あなたがこのやり方に抵抗を覚える可能性もある。なぜならもともと1つだったものを6つのスライドに分けることで、プレゼンテーションに長い時間をとられると思いがちだからだ。だが、待っていただきたい。プレゼンテーションされる情報の量がまったく同じであることに異論はないことと思う。だとすれば、その情報を伝達するための所要時間もまた、同じということだ。

　さらに6つのスライドを使うことにより、聞き手の注意が分散するという問題をも回避できるのだ。聞き手は、1つのスライド上で視線をうろつかせることなく、あなたの言及したい特定のポイントに注目してくれるだろう。

　そして、6つのスライドを次から次へと取り替えれば、1つの退屈なスライドに、長い間、聞き手の目を釘づけにさせて退屈させることとはうってかわり興味をひきつけることができるので、プレゼンテーションそのものが見違えるほど視覚に訴えるものとなる。

問題2

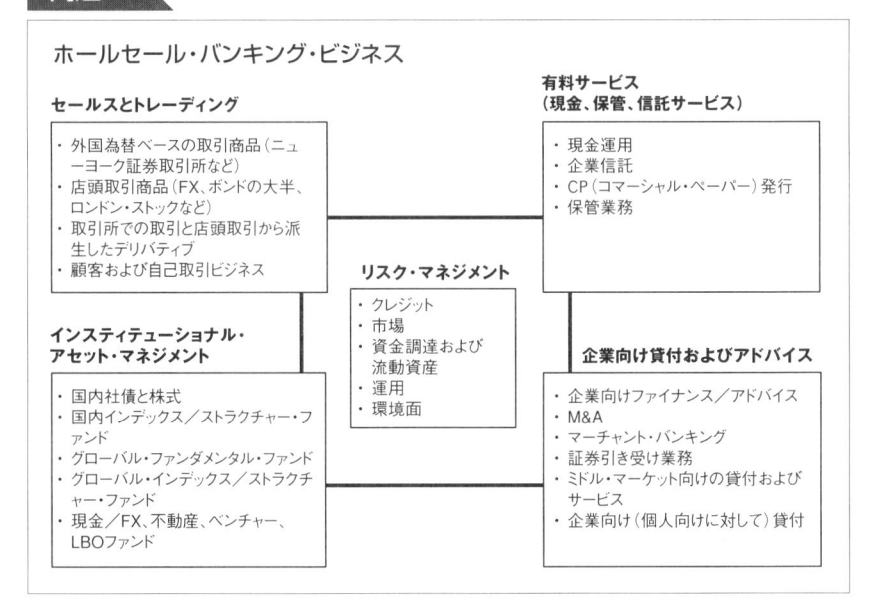

ホールセール・バンキング・ビジネス

セールスとトレーディング
- 外国為替ベースの取引商品（ニューヨーク証券取引所など）
- 店頭取引商品（FX、ボンドの大半、ロンドン・ストックなど）
- 取引所での取引と店頭取引から派生したデリバティブ
- 顧客および自己取引ビジネス

有料サービス
（現金、保管、信託サービス）
- 現金運用
- 企業信託
- CP（コマーシャル・ペーパー）発行
- 保管業務

リスク・マネジメント
- クレジット
- 市場
- 資金調達および流動資産
- 運用
- 環境面

インスティテューショナル・アセット・マネジメント
- 国内社債と株式
- 国内インデックス／ストラクチャー・ファンド
- グローバル・ファンダメンタル・ファンド
- グローバル・インデックス／ストラクチャー・ファンド
- 現金／FX、不動産、ベンチャー、LBOファンド

企業向け貸付およびアドバイス
- 企業向けファイナンス／アドバイス
- M&A
- マーチャント・バンキング
- 証券引き受け業務
- ミドル・マーケット向けの貸付およびサービス
- 企業向け（個人向けに対して）貸付

問題2の解答例①

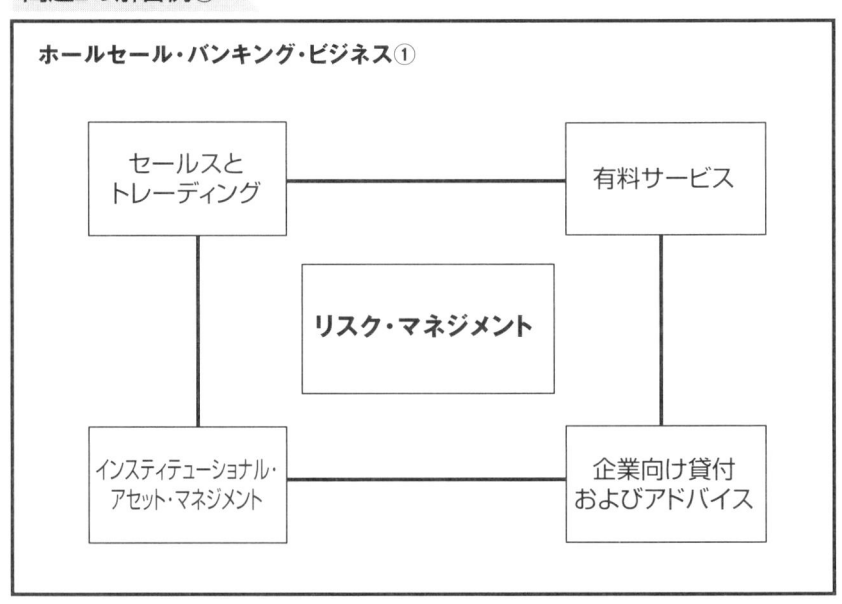

ホールセール・バンキング・ビジネス①

- セールスとトレーディング
- 有料サービス
- リスク・マネジメント
- インスティテューショナル・アセット・マネジメント
- 企業向け貸付およびアドバイス

問題2の解答例②

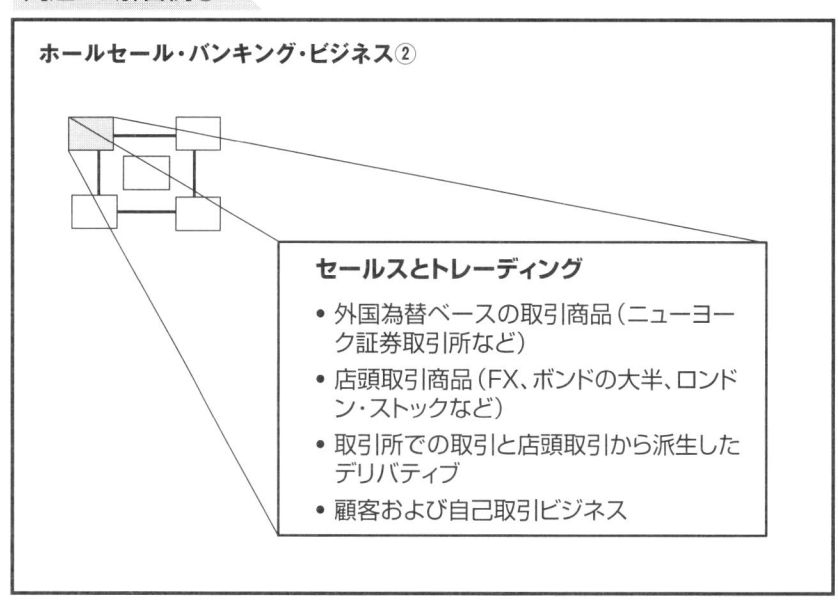

ホールセール・バンキング・ビジネス②

セールスとトレーディング

- 外国為替ベースの取引商品(ニューヨーク証券取引所など)
- 店頭取引商品(FX、ボンドの大半、ロンドン・ストックなど)
- 取引所での取引と店頭取引から派生したデリバティブ
- 顧客および自己取引ビジネス

問題2の解答例③

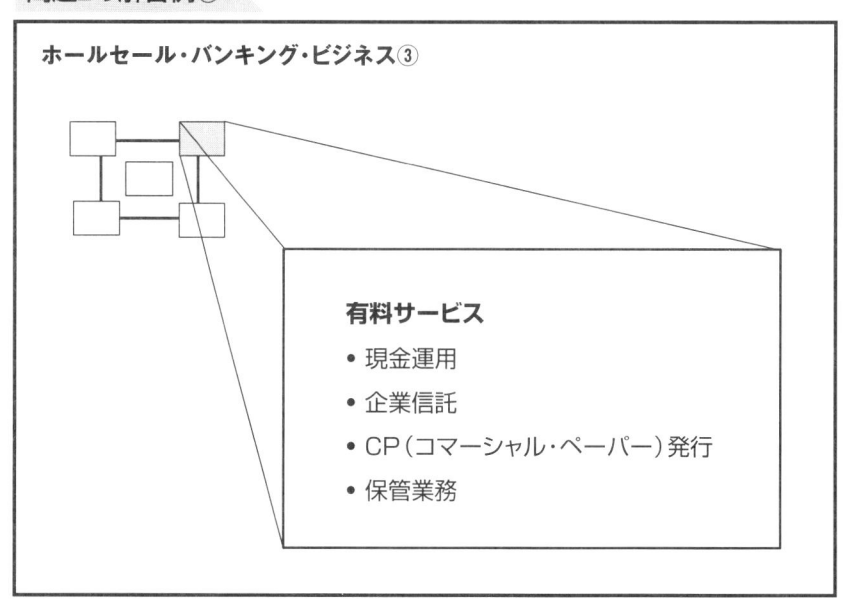

ホールセール・バンキング・ビジネス③

有料サービス

- 現金運用
- 企業信託
- CP(コマーシャル・ペーパー)発行
- 保管業務

問題 3　あなたならどう改善する？

製造変動費
100ポンド当たりの価格（単位:$）

HFCS-42	トウモロコシの原価	処理	合計
クリントン（アイオワ州クリントン）	$4.79	1.28	$6.07
2 ▶ タッカホー（アイオワ州キオカク）	4.85	1.31	6.16
ステイリー（イリノイ州ディケイター）	4.94	1.31	6.25
ステイリー（インディアナ州ラファイエット）	5.10	1.58	6.68
ADM（イリノイ州ディケイター）	4.89	1.58	6.47
CPC（イリノイ州アーゴ）	4.85	1.69	6.54
ADM（アイオワ州シーダーラピッズ）	4.89	1.68	6.57
ステイリー（インディアナ州ラフィエット）	5.38	1.32	6.70
グレートウエスタン（コロラド州ジョンストン）	5.08	1.66	6.74
カーギル（オハイオ州デイトン）	5.12	1.73	6.85
クリントン（ニューヨーク州モンテズマ）	5.02	1.85	6.87
ステイリー（テネシー州ラウドン）	5.44	1.43	6.87
カーギル（テネシー州メンフィス）	5.40	1.61	7.01

HFCS-55	トウモロコシの原価	処理	合計
クリントン（アイオワ州クリントン）	$5.02	1.46	$6.48
2 ▶ タッカホー（アイオワ州キオカク）	5.08	1.75	6.83
ADM（イリノイ州ディケイター）	5.13	1.92	7.05
ステイリー（インディアナ州ラファイエット）	5.35	1.78	7.13
ADM（アイオワ州シーダーラピッズ）	5.13	2.08	7.21
グレートウエスタン（コロラド州ジョンストン）	5.32	1.96	7.28
カーギル（オハイオ州デイトン）	5.37	2.16	7.53
カーギル（テネシー州メンフィス）	5.65	1.97	7.62
ステイリー（テネシー州ラウドン）	5.70	1.98	7.68
アメリカンメイズ（アイオワ州ディケイター）	5.94	1.91	7.85
CPC（ノースカロライナ州ウィンストン/セーラム）	6.01	1.97	7.98
アムスター（テキサス州ディミット）	6.05	2.01	8.06
ステイリー（ペンシルバニア州モリスビル）	5.74	2.51	8.25

パールスターチ	トウモロコシの原価	処理	合計
カーギル（アイオワ州シーダーラピッズ）	$6.53	0.59	$7.12
グレインプロセッシング（アイオワ州マスカティーン）	6.61	0.59	7.20
CPC（イリノイ州アーゴ）	6.58	0.66	7.24
4 ▶ タッカホー（アイオワ州キオカク）	6.58	0.68	7.26
ペニック&フォード（アイオワ州シーダーラピッズ）	6.64	0.68	7.32
ステイリー（イリノイ州ディケイター）	6.70	0.67	7.34
AM（アイオワ州シーダーラピッズ）	6.64	0.88	7.52
アメリカンメイズ（インディアナ州ハモンド）	6.95	0.63	7.58
カーギル（オハイオ州デイトン）	6.95	0.80	7.75
ステイリー（インディアナ州ブッシュ/ラファイエット）	7.30	0.69	7.99
アメリカンメイズ（アラバマ州ディケイター）	7.70	0.84	8.54
アムスター（テキサス州ディミット）	7.84	0.86	8.70
CPC（ノースカロライナ州ウィンストン/セーラム）	7.78	0.93	8.71

コーンシロップ	トウモロコシの原価	処理	合計
カーギル（アイオワ州シーダーラピッズ）	$5.73	0.54	$6.27
ペニック&フォード（アイオワ州シーダーラピッズ）	5.83	0.54	6.37
ADM（イリノイ州ディケイター）	5.83	0.60	6.43
ステイリー（インディアナ州ラファイエット）	5.88	0.57	6.45
ADM（アイオワ州シーダーラピッズ）	5.83	0.66	6.49
CPC（イリノイ州アーゴ）	5.78	0.84	6.52
7 ▶ タッカホー（アイオワ州キオカク）	5.78	0.83	6.61
ステイリー（アイオワ州ラファイエット）	6.08	0.54	6.62
カーギル（オハイオ州デイトン）	6.10	0.66	6.76
アメリカンメイズ（アイオワ州ディケイター）	6.10	0.76	6.86
ステイリー（インディアナ州ブッシュ/ラファイエット）	6.40	0.56	6.96
カーギル（テネシー州メンフィス）	6.43	0.59	7.02
CPC（カンザス州カンザスシティ）	6.28	0.83	7.11

解答欄

言いたいところを強調する

単純にするアプローチ、視点を変えるアプローチの併用で話し手が伝えたいメッセージを強調。補足資料の配付も考慮する

　詳細なチャートはいくつかのチャートに分ければよいという明白な解決法が、時として、読みづらいという理由で役に立たない場合がある。そうした場合には、例外的に1枚のままを通し、詳細さの度合いを弱めつつ、さらに展開するストーリー上で最も重要と思われる構成要素（コンポーネント）だけをハイライトする、という解決策によって抜本的な改善効果を生むことがある。

　次のストーリーを読んでいただきたい。

　「このチャートは、タッカホー工場が、4製品中の3製品について製造上の変動費を低く抑えることに成功しているという側面で、卓越した仕事をしていることを示しています。すなわち、HFCS-42とHFCS-55は、業界で2番目に低いコストでの製造を実現しています。パールスターチも4位ではありますが、最低コストを実現している工場とのコスト差は僅少です。しかし、コーンシロップに関してだけは、7位であり、かなりのコスト差をつけられていることから、原価削減の可能性調査が必要と思われます」

　プレゼンテーションをする上での最もわかりやすい解決法は、製品ごとに単独のスライドを用意することだろう。しかしそれが、製品ごとに他工場との比較のための13本のバーチャートと同数の競合工場名を表示するとなれば、たとえ4製品それぞれに別スライドを用意したところで依然読みずらいことに変わりない。さらにつけ加えると、スライドが製

品ごとに4枚にわたってしまうと、聞き手が4製品の間の比較をすることが難しくなってしまうという難点も生じる。

この問題の答えは、「メッセージをビジュアル化して整えること」になる。ここで伝えたい重要な事柄とは、タッカホーの成績の絶対値とランキングだ。そこでレンジ・コラムチャートを用いて、4製品それぞれのベストの競合とワーストの競合の数値をコラムの上下に表示し、製品ごとに競合間のトータル変動コストのひらきを1つの表で比較させた。ここでは、製品ごとのレンジは同じ高さにそろえ、インデックスチャートに仕立てた。つまり、コスト差の大小にかかわらず、全体を100として表示したのだ。その上で、タッカホーのランキングを、ベストとワーストの成績中の位置関係で見せることにした。そうすれば、伝えたいメッセージは1つのはっきりとした読みやすいチャートで伝えられる。もしも詳細なデータの提供が必要と感じられるならば、配布資料の一部としてオリジナルデータを聞き手の手元に届けておけばすむことだろう。

問題3

製造変動費
100ポンド当たりの価格（単位:$）

HFCS-42	トウモロコシの原価	処理	合計
クリントン(アイオワ州クリントン)	4.79	1.28	6.07
2 ▶ タッカホー(アイオワ州キオカク)	4.85	1.31	6.16
ステイリー(イリノイ州ディケイター)	4.94	1.31	6.25
ステイリー(インディアナ州ラファイエット)	5.10	1.58	6.68
ADM(イリノイ州ディケイター)	4.89	1.58	6.47
CPC(イリノイ州アーゴ)	4.85	1.69	6.54
ADM(アイオワ州シーダーラピッズ)	4.89	1.68	6.57
ステイリー(インディアナ州ブッシュ/ラファイエット)	5.38	1.32	6.70
グレートウエスタン(コロラド州ジョンストン)	5.08	1.66	6.74
カーギル(オハイオ州デイトン)	5.12	1.73	6.85
クリントン(ニューヨーク州モンテズマ)	5.02	1.85	6.87
ステイリー(テネシー州ラウドン)	5.44	1.43	6.87
カーギル(テネシー州メンフィス)	5.40	1.61	7.01

HFCS-55	トウモロコシの原価	処理	合計
クリントン(アイオワ州クリントン)	5.02	1.46	6.48
2 ▶ タッカホー(アイオワ州キオカク)	5.08	1.75	6.83
ADM(イリノイ州ディケイター)	5.13	1.92	7.05
ステイリー(インディアナ州ラファイエット)	5.35	1.78	7.13
ADM(アイオワ州シーダーラピッズ)	5.13	2.08	7.21
グレートウエスタン(コロラド州ジョンストン)	5.32	1.96	7.28
カーギル(オハイオ州デイトン)	5.37	2.16	7.53
カーギル(テネシー州メンフィス)	5.65	1.97	7.62
ステイリー(テネシー州ラウドン)	5.70	1.98	7.68
アメリカンメイズ(アイオワ州ディケイター)	5.94	1.91	7.85
CPC(ノースカロライナ州ウィンストン/セーラム)	6.01	1.97	7.98
アムスター(テキサス州ディミット)	6.05	2.01	8.06
ステイリー(ペンシルバニア州モリスビル)	5.74	2.51	8.25

パールスターチ	トウモロコシの原価	処理	合計
カーギル(アイオワ州シーダーラピッズ)	6.50	0.59	7.12
グレインプロセッシング(アイオワ州マスカティーン)	6.61	0.59	7.20
CPC(イリノイ州アーゴ)	6.58	0.66	7.24
4 ▶ タッカホー(アイオワ州キオカク)	6.58	0.68	7.26
ペニック&フォード(アイオワ州シーダーラピッズ)	6.64	0.68	7.32
ステイリー(イリノイ州ディケイター)	6.70	0.67	7.34
AM(アイオワ州シーダーラピッズ)	6.64	0.88	7.52
アメリカンメイズ(インディアナ州ハモンド)	6.95	0.63	7.58
カーギル(オハイオ州デートン)	6.95	0.80	7.75
ステイリー(インディアナ州ブッシュ/ラファイエット)	7.30	0.69	7.99
アメリカンメイズ(アラバマ州ディケイター)	7.70	0.84	8.54
アムスター(テキサス州ディミット)	7.84	0.86	8.70
CPC(ノースカロライナ州ウィンストン/セーラム)	7.78	0.93	8.71

コーンシロップ	トウモロコシの原価	処理	合計
カーギル(アイオワ州シーダーラピッズ)	5.73	0.54	6.27
ペニック&フォード(アイオワ州シーダーラピッズ)	5.83	0.54	6.37
ADM(イリノイ州ディケイター)	5.83	0.60	6.43
ステイリー(イリノイ州ディケイター)	5.88	0.57	6.45
ADM(アイオワ州シーダーラピッズ)	5.83	0.66	6.49
CPC(イリノイ州アーゴ)	5.78	0.84	6.52
7 ▶ タッカホー(アイオワ州キオカク)	5.78	0.83	6.61
ステイリー(テネシー州ファイエット)	6.08	0.54	6.62
カーギル(オハイオ州デイトン)	6.10	0.66	6.76
アメリカンメイズ(アイオワ州ディケイター)	6.10	0.76	6.86
ステイリー(インディアナ州ブッシュ/ラファイエット)	6.40	0.56	6.96
カーギル(テネシー州メンフィス)	6.43	0.59	7.02
CPC(カンザス州カンザスシティ)	6.28	0.83	7.11

問題3の解答例

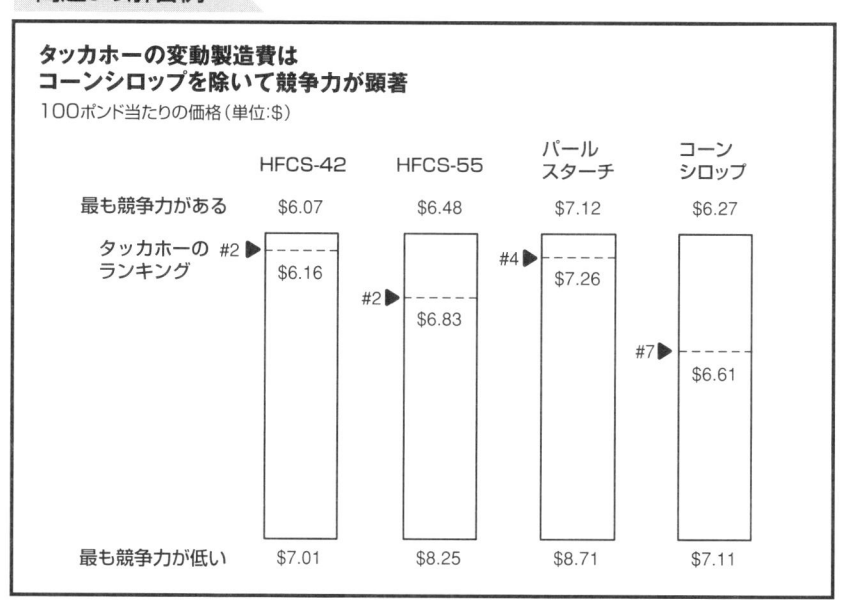

タッカホーの変動製造費は
コーンシロップを除いて競争力が顕著
100ポンド当たりの価格（単位:$）

	HFCS-42	HFCS-55	パールスターチ	コーンシロップ
最も競争力がある	$6.07	$6.48	$7.12	$6.27
タッカホーのランキング	#2 ▶ $6.16	#2 ▶ $6.83	#4 ▶ $7.26	#7 ▶ $6.61
最も競争力が低い	$7.01	$8.25	$8.71	$7.11

問 題 4　あなたならどう改善する？

Qターン　企業変革のテーマ

- 地域および国内の成長を把握する
- 業界トップクラスのオペレーション上の効果と効率を達成する
- 財務構造を強化する
- 顧客ロイヤルティを獲得する
- 最高の人材を集めて育て上げる
- Qカンパニーの発展を可能にする

解答欄

ダイヤグラムで印象づける

クリエイティビティーを駆使するアプローチを採用。イメージを利用し、図に含められたメッセージを聞き手に印象づける

　このケースは、どうしたらよくなるかについて目処をつけるのにしばしの時間を要したが、結果的に苦労の甲斐があるインパクトに仕上がった。

　このケースの解決策を思いついたのは、箇条書きの最も下段にある活字の「Q」で始まる会社名、そしてタイトルの頭の部分にある「Q」というロゴのようなシンボルに気づいたときだった。

　その瞬間、私にはくっきりとQがビジュアル全体のイメージを支配すべきであると思えた。問題4の解答例のような大きな「Q」の形をしたダイアグラム（図表）を用いれば、その中に箇条書きの各テーマを入れ込むことができる。最も重要なテーマは円の中心におき、加えてQの尻尾の部分にもテーマをおくという工夫も可能になる。こうしたイメージの強化によって、聞き手はこの活動のイメージを長く持続することができるだろう。

　どうやってこのようなアイデアを思いつくのかと私はよく人から聞かれる。私の答えは、創造力も他のすべてのことと同様に、鍛えれば鍛えるほど身につくものなので、ひたすら練習あるのみ、ということだ。

問題4

Q ターン　企業変革のテーマ

- 地域および国内の成長を把握する
- 業界トップクラスのオペレーション上の効果と効率を達成する
- 財務構造を強化する
- 顧客ロイヤルティを獲得する
- 最高の人材を集めて育て上げる
- Qカンパニーの発展を可能にする

問題4の解答例

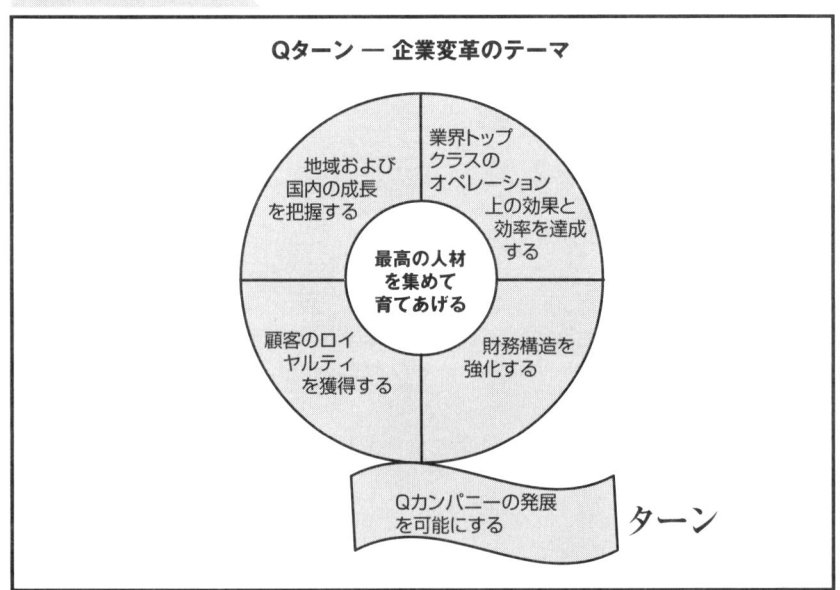

Qターン ― 企業変革のテーマ

- 地域および国内の成長を把握する
- 業界トップクラスのオペレーション上の効果と効率を達成する
- 最高の人材を集めて育てあげる
- 顧客のロイヤルティを獲得する
- 財務構造を強化する
- Qカンパニーの発展を可能にする

ターン

問題 5 あなたならどう改善する？

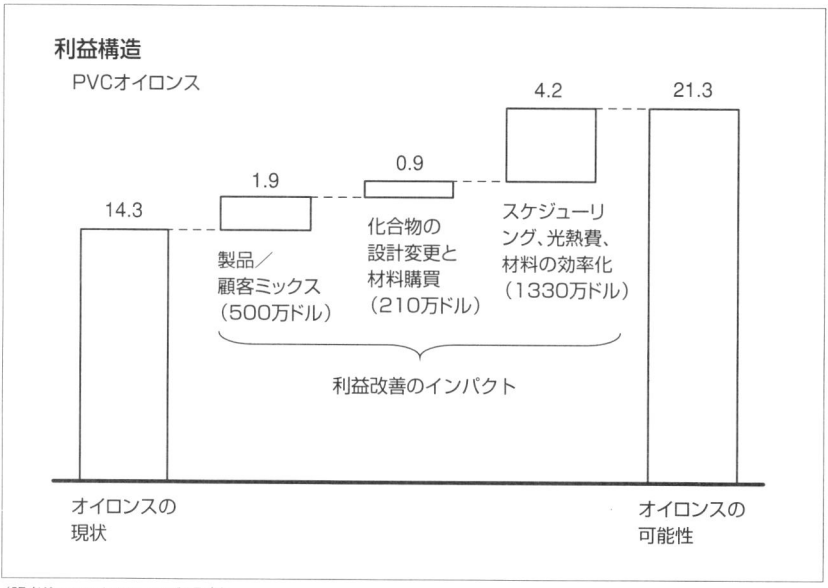

利益構造
PVCオイロンス

- 14.3 オイロンスの現状
- 1.9 製品／顧客ミックス（500万ドル）
- 0.9 化合物の設計変更と材料購買（210万ドル）
- 4.2 スケジューリング、光熱費、材料の効率化（1330万ドル）
- 21.3 オイロンスの可能性

利益改善のインパクト

（訳者注：PVCオイロンスは製品名）

解答欄

煩雑さを解消し、シンプルに

視点を変えるアプローチ。段階的に示すウォーターフォールチャートも便利だがコラムチャートに書き換えるのもよい

　問題5で示したものと同様のケースについてあなたがこのチャートのような表現方法で十分だろうと感じるなら、私もそれに同意しよう。このケースは、全体を構成する1つひとつのパートを段階的に見せるために用いられる典型的なウォーターフォールチャート（訳者注：ウォーターフォールは滝の意味。滝が流れるような形をしているチャートを指す）の例だ。

　しかし、今回のケースに関しては、私には必要以上に煩雑に見えるところが気になった。まず、各々の利益改善が合計でどの程度の改善につながるのかというはっきりとした説明がない。だからむしろ、各利益改善金額を縦一列に積み上げて表示したいと思う。

　また、オイロンスというラベル（下に表示されている項目名）は、すでにサブタイトルで紹介されているのだから、左右2つのコラムの底辺にダブって表示する必要がないだろう。このような指摘ができる場合は、むしろ違ったチャートフォームの選択も視野に入れ始めるときである証拠だ。

　このケースでは、個別の利益改善項目を組み合わせて、分配チャートに入れ込むことにより、各改善項目のラベルは縦に並べて表示できるようになり、また、改善金額の合計額を表示することが可能となった。

問題5

利益構造
PVCオイロンス

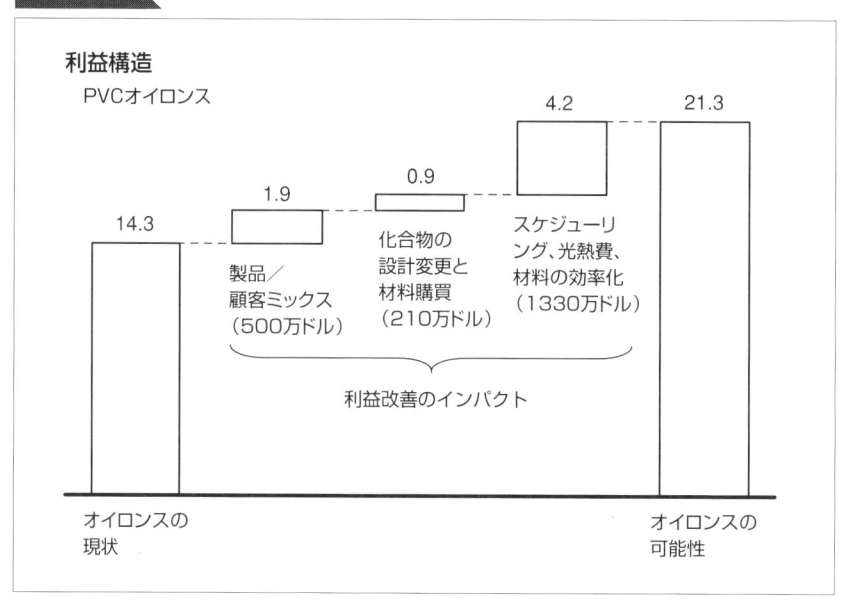

- 14.3 オイロンスの現状
- 1.9 製品／顧客ミックス（500万ドル）
- 0.9 化合物の設計変更と材料購買（210万ドル）
- 4.2 スケジューリング、光熱費、材料の効率化（1330万ドル）
- 21.3 オイロンスの可能性

利益改善のインパクト

問題5の解答例

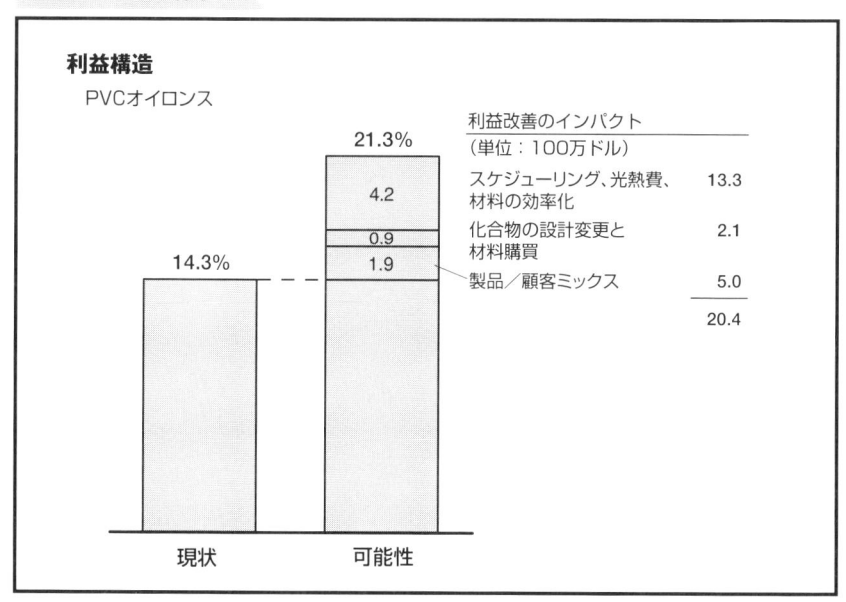

利益構造
PVCオイロンス

現状：14.3%
可能性：21.3%（4.2 + 0.9 + 1.9）

利益改善のインパクト（単位：100万ドル）

スケジューリング、光熱費、材料の効率化	13.3
化合物の設計変更と材料購買	2.1
製品／顧客ミックス	5.0
	20.4

第2章●実際にチャートを描いてみよう 47

問題 6　あなたならどう改善する？

マーケット（顧客）セグメント別コスト構成

セグメントAにおけるクライアント企業

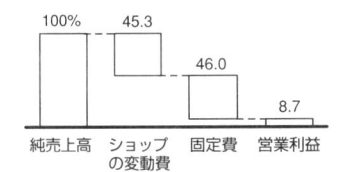

- 純売上高: 100%
- ショップの変動費: 45.3
- 固定費: 46.0
- 営業利益: 8.7

セグメントAにおける競合企業

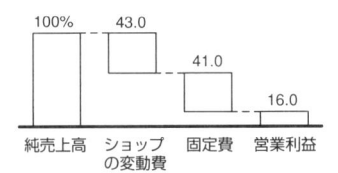

- 純売上高: 100%
- ショップの変動費: 43.0
- 固定費: 41.0
- 営業利益: 16.0

セグメントBにおけるクライアント企業

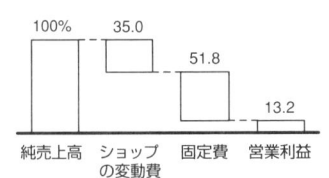

- 純売上高: 100%
- ショップの変動費: 35.0
- 固定費: 51.8
- 営業利益: 13.2

セグメントBにおける競合企業

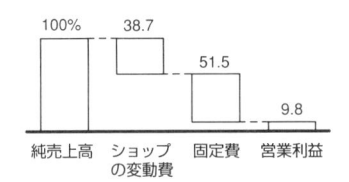

- 純売上高: 100%
- ショップの変動費: 38.7
- 固定費: 51.5
- 営業利益: 9.8

解答欄

重複表示を回避する

視点を変えるアプローチ。表示の重複を省き、2社間の比較を容易にするにはコラムチャートがベター。メッセージが鮮明に

　もう一度、ここでウォーターフォールチャートの使用例を見てみよう。今回は前にも増して、さらに煩雑さが加わったように感じられる。

　まずセグメントごとに目盛りがあまりに縮小されたために、区分されたコスト同士の差異を目測することが困難だ。加えて、それぞれのセグメントの2社について、各コラムの底辺に同じラベル（項目名）が4回も重複表示されている。しかしそれ以上に最も深刻な問題は、このチャート本来の目的、すなわち聞き手に、セグメント別にクライアント企業と競合企業とのコスト構成をわかりやすく対比させるという役割を果たしていないところにある。

　各コンポーネント（構成要素）を100％コラムチャートにまとめて入れ込むことにより、はるかに大きな目盛りを用いることができ、表示ラベルの数も限定でき、そして対比を容易にするようなデータの配列も可能になる。

問題6

マーケット(顧客)セグメント別コスト構成

セグメントAにおけるクライアント企業
- 純売上高: 100%
- ショップの変動費: 45.3
- 固定費: 46.0
- 営業利益: 8.7

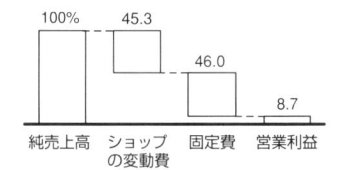

セグメントAにおける競合企業
- 純売上高: 100%
- ショップの変動費: 43.0
- 固定費: 41.0
- 営業利益: 16.0

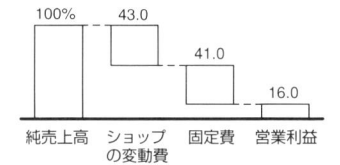

セグメントBにおけるクライアント企業
- 純売上高: 100%
- ショップの変動費: 35.0
- 固定費: 51.8
- 営業利益: 13.2

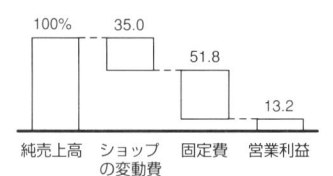

セグメントBにおける競合企業
- 純売上高: 100%
- ショップの変動費: 38.7
- 固定費: 51.5
- 営業利益: 9.8

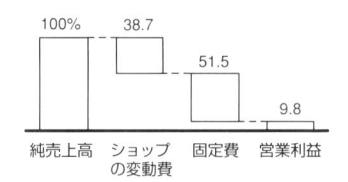

問題6の解答例

マーケット(顧客)セグメント別コスト構成
(単位:%)

セグメントA

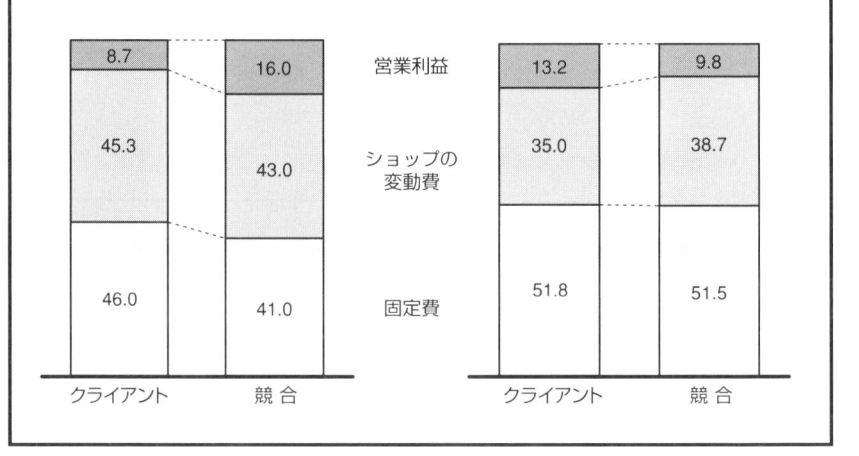

	クライアント	競合
営業利益	8.7	16.0
ショップの変動費	45.3	43.0
固定費	46.0	41.0

セグメントB

	クライアント	競合
営業利益	13.2	9.8
ショップの変動費	35.0	38.7
固定費	51.8	51.5

問題 7 あなたならどう改善する？

A社と競合に関する属性別の評価
（単位:%）

優れた食品の属性	A社	B社	C社	D社	E社
味が良い	60%	76%	68%	78%	54%
最高品質の食材しか使用していない	50	63	53	71	43
家庭料理並みのものを提供する	54	61	43	48	49
豊富な料理ニーズに対応	61	65	60	69	64

解答欄

表を図にする

視点を変えるアプローチを採用。表はデータの関連性を暗示しているにすぎない。図にすることで関連性の明示が可能となる

　ビジネスの現場には、表をまるで「息を吸い込むように」一瞬にして理解してしまうような人材がたしかにいる。彼らは、数字の羅列を見ただけで、瞬時にしてそこから傾向を読み取ることができる。
　しかし、『マッキンゼー流　図解の技術』でも指摘しているとおり、表で示したデータが関連性を暗示するものであるのに対して、図はそれらを明示するものなのだ。では、この例を使ってその違いを見てみよう。
　問題7の解答例では、属性ごとに、最低値と最高値の数値の間をレンジで示すという方法をとったが、これなら表の上のすべての数値を読み込んだり解釈したりする苦労をともなわずに、企業Aの各々の属性におけるランキングをはるかに早く理解することが可能になる。

問題7

A社と競合に関する属性別の評価
(単位:%)

優れた食品の属性	A社	B社	C社	D社	E社
味が良い	60%	76%	68%	78%	54%
最高品質の食材しか使用しない	50	63	53	71	43
家庭料理並みのものを提供する	54	61	43	48	49
豊富な料理ニーズに対応	61	65	60	69	64

問題7の解答例

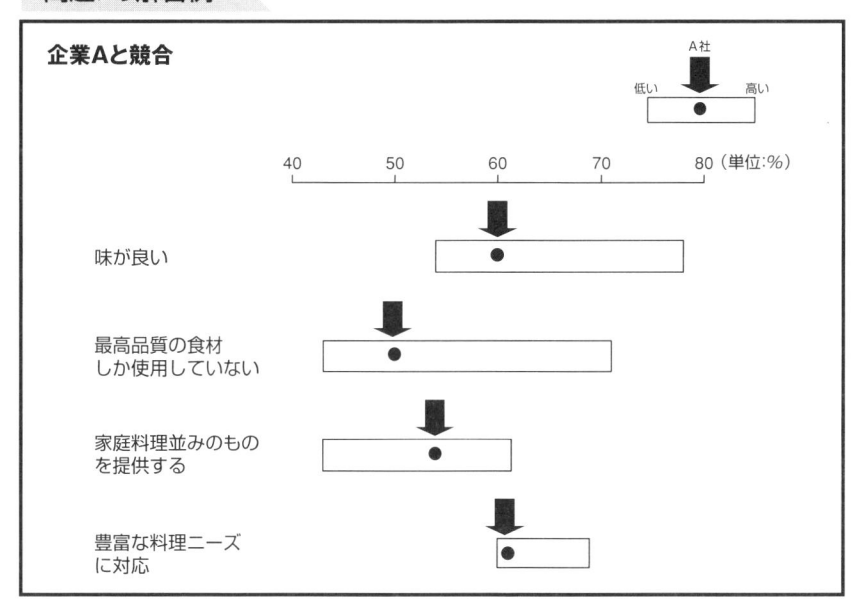

企業Aと競合

A社
低い　高い

40　50　60　70　80（単位:%）

- 味が良い
- 最高品質の食材しか使用していない
- 家庭料理並みのものを提供する
- 豊富な料理ニーズに対応

問題 8 あなたならどう改善する？

成熟市場と発展段階にある新市場の違い

成熟市場
- 要注意顧客はコントロール下にある
- 銀行はリスク織り込み済みの利益ベースに営業している
- 正確な情報収集を可能とする手段と制度をもっている
- リスク源を熟知している

vs.

発展段階にある新市場
- 多数の要注意顧客が存在する
- 売上げまたは営業利益による業績査定
- 情報が入手困難または不正確な情報しか手に入らない
- 未知数または不適当な一連のリスク（すなわち複雑な株の持ち合い）

解決策の提言
- 多数のローンにシステマティックな手順で取り組む
- データ収集および意思決定にあたってのツールの支援を得る
- 上記手順に沿った組織の区分けをする

解答欄

レイアウトを工夫する

クリエイティビティーを駆使するアプローチを採用。お決まりの資料より目立つようになり、聞き手の誤解を防げる効果も

　問題8については、一見したところなぜ変えなくてはならないのか理解しがたいことだろう。なぜなら、このチャートは成熟市場と、発展段階にある新市場との差異の中から提言が生まれたことを上手に表現しているからだ。

　そうはいっても、「違い」という言葉がタイトルに含まれているにもかかわらず、私には解決策が2つの市場の相乗効果によってもたらされたもののように受け取れてしまう。そこで、問題8の解決例のチャートのように工夫してみた。

　この工夫によってさらに加わる利点は、まず資料のデザインそのものがより魅力的になったこと、そしてプレゼンテーションで目にする多くのお決まりの資料より目立つようになったことだ。

問題8

成熟市場と発展段階にある新市場の違い

成熟市場
- 要注意顧客はコントロール下にある
- 銀行はリスク織り込み済みの利益ベースに営業している
- 正確な情報収集を可能とする手段と制度をもっている
- リスク源を熟知している

vs.

発展段階にある新市場
- 多数の要注意顧客が存在する
- 売上げまたは営業利益による業績査定
- 情報が入手困難または不正確な情報しか手に入らない
- 未知数または不適当な一連のリスク(すなわち複雑な株の持ち合い)

解決策の提言
- 多数のローンにシステマティックな手順で取り組む
- データ収集および意思決定にあたってのツールの支援を得る
- 上記手順に沿った組織の区分けをする

問題8の解答例

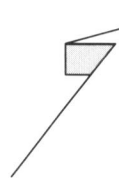

成熟市場と発展段階にある新市場の違い

解決策の提言
- 多数のローンにシステマティックな手順で取り組む
- データ収集および意思決定にあたってのツールの支援を得る
- 上記手順に沿った組織の区分けをする

成熟市場
- 要注意顧客はコントロール下にある
- 銀行はリスク織り込み済みの利益ベースに営業している
- 正確な情報収集を可能とする手段と制度をもっている
- リスク源を熟知している

vs.

発展段階にある新市場
- 多数の要注意顧客が存在する
- 売上げまたは営業利益による業績査定
- 情報が入手困難または不正確な情報しか手に入らない
- 未知数または不適当な一連のリスク(すなわち複雑な株の持ち合い)

問題 9　あなたならどう改善する？

アプローチの比較

同一の目標
売上げ／利益をさらに得るために限界を超えて拡大すること

異なるアプローチ

A社
「財務的な制約の中でも、機敏にチャンスをつかみ、不確定なアライアンスにも挑戦することで、できるだけ迅速に着手する」

- 少額の投資・買収、アライアンスを通じてチャンスに向けて機敏な動きをする　vs.
- 既存のプレーヤーに再販する、またはアライアンスを組む　vs.
- アライアンス、JV（ジョイントベンチャー）を通じて機会を増やす　vs.
- 各専門分野の強力なパートナーと組む　vs.
- 顧客重視の姿勢を強めて多数の顧客セグメントに手を広げる　vs.

潜在的なチャレンジ行動をとることで、迅速で機敏な市場参入をはかる

B社
「実行中のコントロールを持続しつつコア・コンピタンスからの市場拡大をはかる」

- 多額の投資と買収を通じて大きな成功を狙う
- 自社の能力を構築する
- 自社流通を使う
- より影響力を行使し得る自分たちより弱小のパートナーを選ぶ
- より少数の大口顧客をつかみ多量に売り込む

自社で完全掌握できる手段と顧客管理を狙った計画的なアプローチをとる

成長し変化し続ける、不確定な複数の市場

解答欄

のぞき見したくなる気持ちを抑えよう
あなたの解決法のほうが
私のより優れている
かもしれないのだから

矢印の使い方に注意する

クリエイティビティーを駆使するアプローチを採用。矢印は聞き手の目線を導き、目的、状況の変化、時間の経過を伝える

　問題9のチャートが同一の目的を達成するにあたって2つの企業それぞれが採用したアプローチを対比することを要点としてつくられていると気づくのに、さほどの時間はかからないであろう。

　しかしそれでも、このチャートが箇条書きで説明しようとしているきわだった特徴やアイデアの流れを理解するために私が貴重な時間を使いすぎていることに気づいた。

　そこで、その解決法として、問題9のチャートに見られるトップからボトムへと展開する流れを、問題9の解答例のチャートのように、ボトムからトップへと展開する流れに取り替えてみた。

　そうすれば、立体的な矢印の底の部分に記された2つの企業の異なるアプローチの概要を導いているのは、そのさらに下の位置にある外部環境がもたらす圧力（成長性は高いが、変化の激しい不確定な複数の市場という状況）であると、まず視線がゆくはずだ。その上で、視線を下から上に移行させれば、各企業のとろうとするさまざまな行動を、よりシンプルかつはっきりと対比する形で確認できるだろう。そして、それはとりもなおさず、その上の共通のゴールに向かっていることが確認できる。遠近法を活用した矢印を加えたのは、目線を矢印の方向に移動させる働きをしてくれるからだ。

　ここで役に立つアドバイスをひとこと述べておこう。矢印というものは、さまざまな概念を伝えるためのパワフルなツールだ。状況の変化や大きな動き、時間の経過など枚挙にいとまがないくらいだ。私自身は「進むべき方向」を示すためによく活用している。

問題9

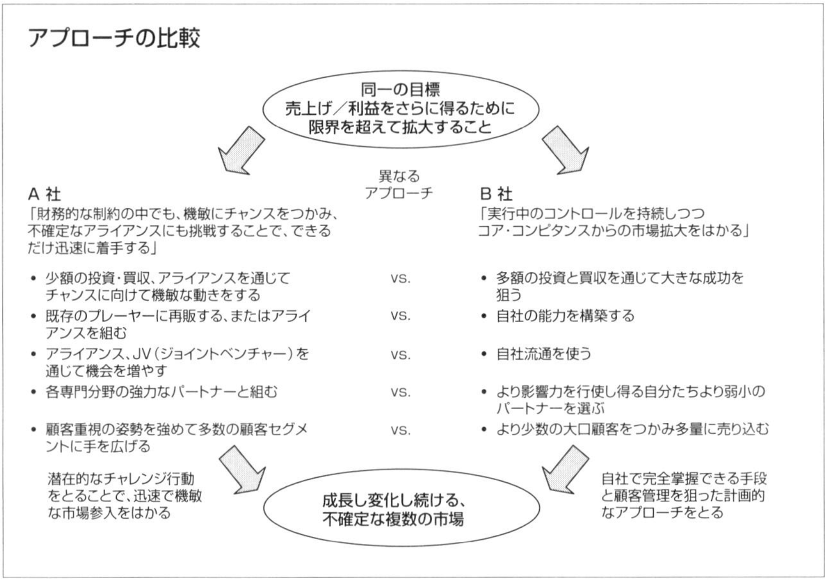

アプローチの比較

同一の目標
売上げ／利益をさらに得るために
限界を超えて拡大すること

異なるアプローチ

A社
「財務的な制約の中でも、機敏にチャンスをつかみ、不確定なアライアンスにも挑戦することで、できるだけ迅速に着手する」

- 少額の投資・買収、アライアンスを通じてチャンスに向けて機敏な動きをする
- 既存のプレーヤーに再販する、またはアライアンスを組む
- アライアンス、JV（ジョイントベンチャー）を通じて機会を増やす
- 各専門分野の強力なパートナーと組む
- 顧客重視の姿勢を強めて多数の顧客セグメントに手を広げる

潜在的なチャレンジ行動をとることで、迅速で機敏な市場参入をはかる

vs.

B社
「実行中のコントロールを持続しつつコア・コンピタンスからの市場拡大をはかる」

- 多額の投資と買収を通じて大きな成功を狙う
- 自社の能力を構築する
- 自社流通を使う
- より影響力を行使し得る自分たちより弱小のパートナーを選ぶ
- より少数の大口顧客をつかみ多量に売り込む

自社で完全掌握できる手段と顧客管理を狙った計画的なアプローチをとる

成長し変化し続ける、不確定な複数の市場

問題9の解答例

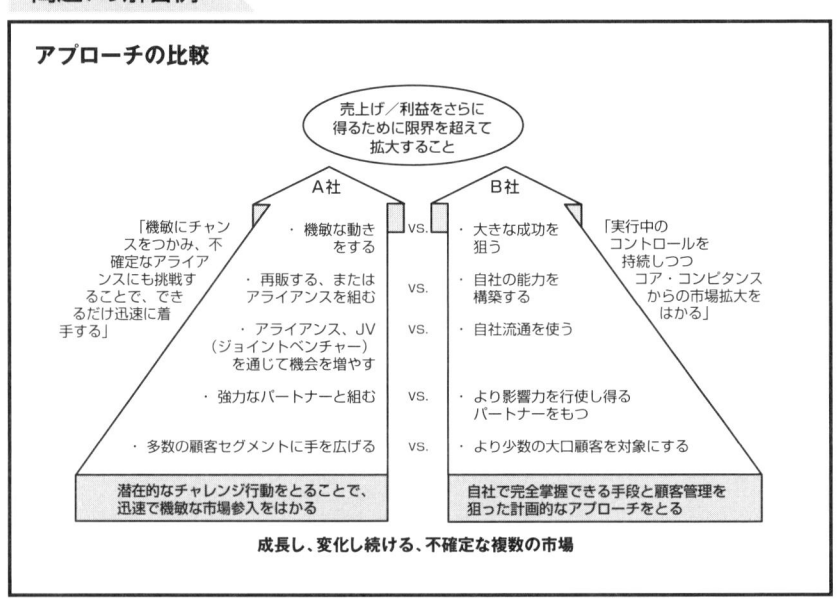

アプローチの比較

売上げ／利益をさらに得るために限界を超えて拡大すること

A社　vs.　**B社**

「機敏にチャンスをつかみ、不確定なアライアンスにも挑戦することで、できるだけ迅速に着手する」

- 機敏な動きをする　vs.　大きな成功を狙う
- 再販する、またはアライアンスを組む　vs.　自社の能力を構築する
- アライアンス、JV（ジョイントベンチャー）を通じて機会を増やす　vs.　自社流通を使う
- 強力なパートナーと組む　vs.　より影響力を行使し得るパートナーをもつ
- 多数の顧客セグメントに手を広げる　vs.　より少数の大口顧客を対象にする

「実行中のコントロールを持続しつつコア・コンピタンスからの市場拡大をはかる」

| 潜在的なチャレンジ行動をとることで、迅速で機敏な市場参入をはかる | 自社で完全掌握できる手段と顧客管理を狙った計画的なアプローチをとる |

成長し、変化し続ける、不確定な複数の市場

SAY IT WITH CHARTS WORKBOOK

問題 10　あなたならどう改善する？

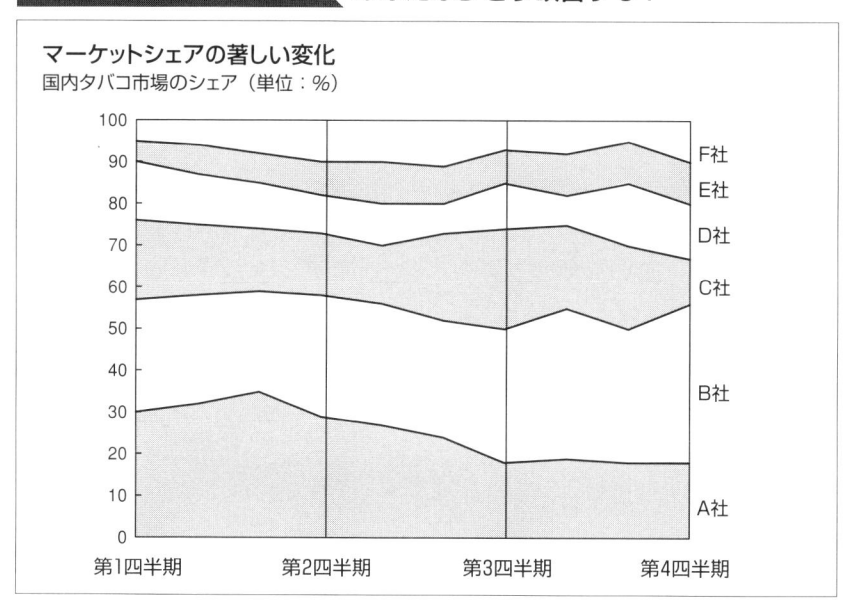

マーケットシェアの著しい変化
国内タバコ市場のシェア（単位：％）

	第1四半期	第2四半期	第3四半期	第4四半期
F社				
E社				
D社				
C社				
B社				
A社				

解答欄

メッセージを裏打ちする

視点を変えるアプローチ。問題10のような細分面チャートは基準線との比較が難しく、メッセージがぼやける場合がある

　うまく機能するチャートをデザインするにあたっての評価基準の1つに、そのチャートがタイトルのメッセージを明確に描写できているかどうかという確認作業がある。

　このケースに関しては、「著しい」という言葉が実感できない。

　たしかに企業Aのシェアは、基準線に沿って描かれているために経時的に減少していることが見てとれる。だが、他の企業についてはどうだろう。

　下の図のように、それぞれの企業のシェアを個別に基準線上に描いた場合の効果の違いに気づいてもらえるだろうか。また、時間軸の間隔をつめ、レイアウトスペースをより有効に活用することにより、タイトルで述べている「著しい」変化を強調できるより大きな目盛りを用いることができる点に注目してほしい。

問題10

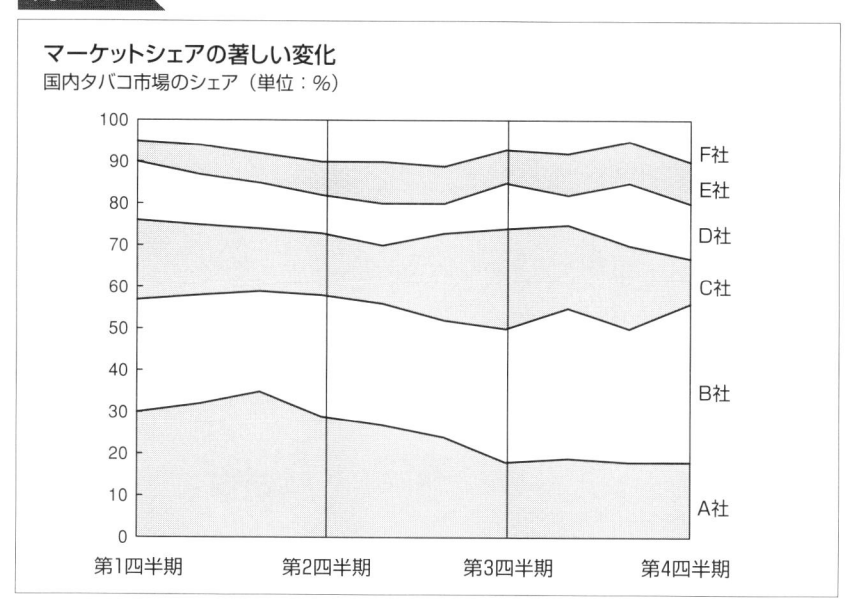

マーケットシェアの著しい変化
国内タバコ市場のシェア（単位：%）

問題10の解答例

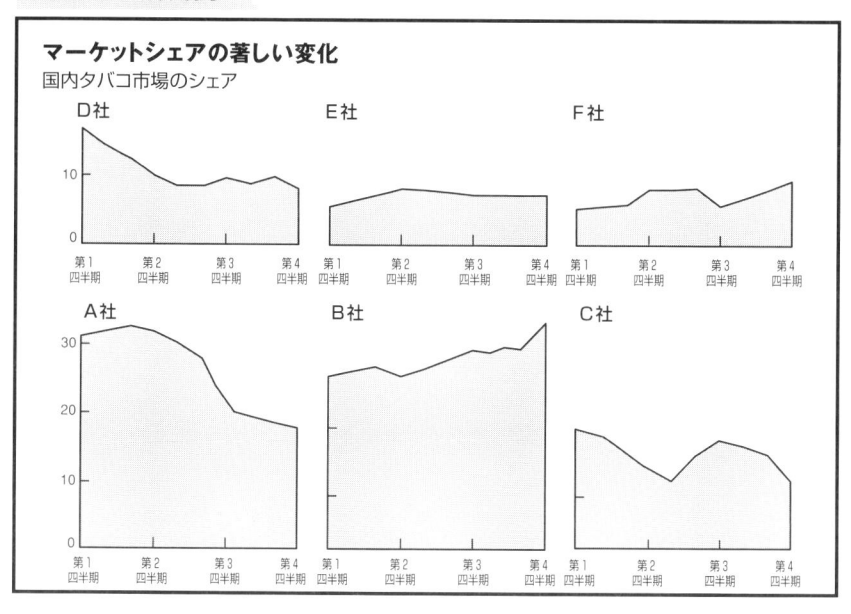

マーケットシェアの著しい変化
国内タバコ市場のシェア

問題 11　あなたならどう改善する？

従来の「訂正型」アプローチ
VS. 新しい「予防型」アプローチ

従来の「訂正型」アプローチ	新しい「予防型」アプローチ	回復の度合い
反応型： 「問題が起きた時点 で解決する」	予防型： 「問題の発生を予防する」	70-80%（予防型） 10-20%（従来型）
リードタイム （行動までの予備時間）： きわめて短期間のリードタイム	リードタイム： 行動前にもっと長い リードタイム	
追跡記録： 貸付特有の危険度を測る 手法を採用する必要性	追跡記録： ビジネスの基礎的なことを 追跡する必要性	

解答欄

目線が泳ぐのを防ぐ

クリエイティビティーを駆使するアプローチ。矢印には目線を導く効果があるため、わかりやすい図をより読みやすくする

　さらにもう1つ、伝えようとすることが理解しやすいので変更の必要がないように思える例を紹介しよう。

　だが、いかに理解しやすいとしても、右のコラムチャートと左にあるその見出しとの関連性を見つけ出そうとして、あなたの目線が行ったり来たりしてしまうことに気がついただろうか。

　問題11の解答例のように矢印を加えたことによって、ずいぶんわかりやすくなったことを評価してもらえるだろう。これらの矢印によって正反対の2つのアプローチの示す方向が一目でわかり、各々のアプローチから結果として得られる「回復度合い」へとより素早く目が向けられるようになった。

問題11

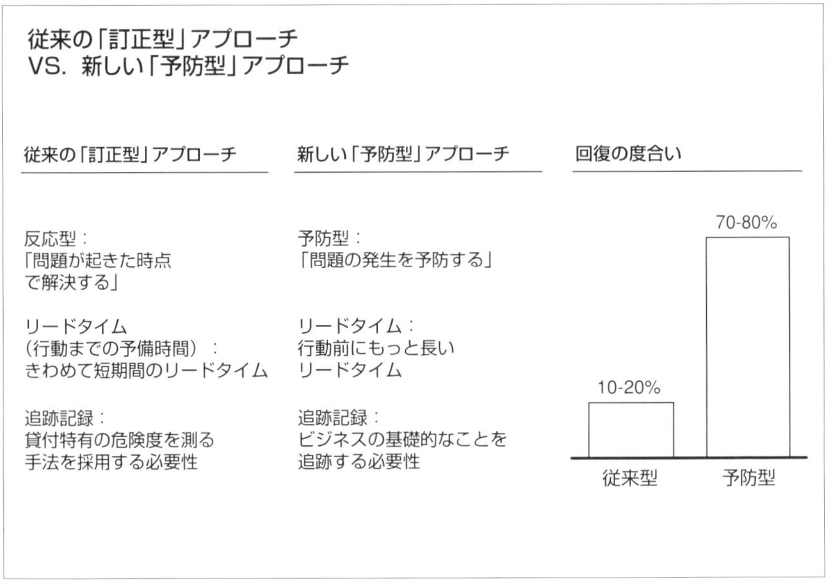

従来の「訂正型」アプローチ
VS. 新しい「予防型」アプローチ

従来の「訂正型」アプローチ	新しい「予防型」アプローチ	回復の度合い
反応型： 「問題が起きた時点 で解決する」	予防型： 「問題の発生を予防する」	従来型 10-20% 予防型 70-80%
リードタイム (行動までの予備時間)： きわめて短期間のリードタイム	リードタイム： 行動前にもっと長い リードタイム	
追跡記録： 貸付特有の危険度を測る 手法を採用する必要性	追跡記録： ビジネスの基礎的なことを 追跡する必要性	

問題11の解答例

訂正型アプローチ VS. 予防型アプローチ

訂正型アプローチ
- 反応型：問題が起きた時点で解決する
- リードタイム（行動までの予備時間）：きわめて短期間のリードタイム
- 追跡記録：貸付特有の危険度を測る手法を採用する必要性

回復の度合い 10-20%

新しい「予防型」アプローチ
- 予防型：問題の発生を予防する
- リードタイム：行動前にもっと長いリードタイム
- 追跡記録：ビジネスの基礎的なことを追跡する必要性

回復の度合い 70-80%

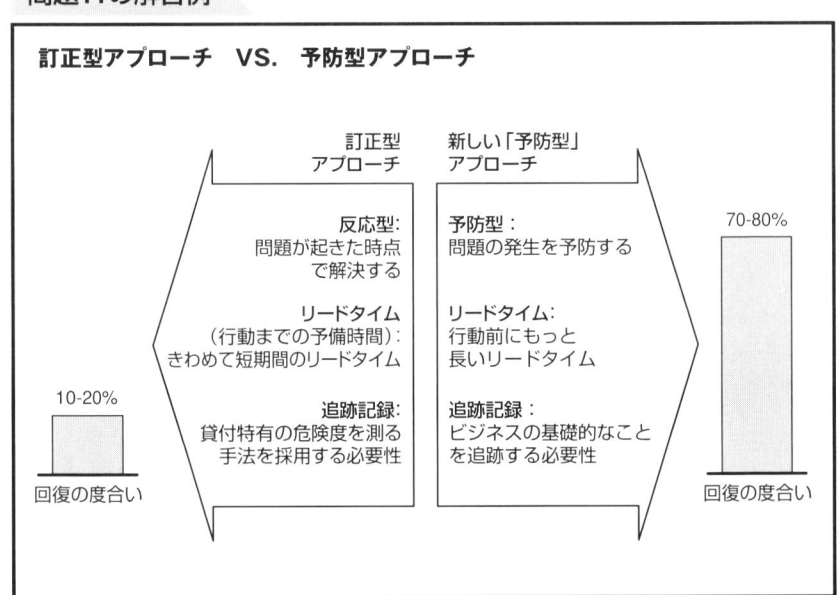

問題 12　あなたならどう改善する？

薬品市場の実質的な伸び

変化の要素　年間平均成長率, %

市場	数量	価格	ジェネリクス	Mix 新規／その他	合計
アメリカ	1.7	7.9	-0.5	3.6	13.2
ドイツ	1.0	1.0	-0.6	5.0	6.5
イギリス	1.8	0.8	-1.1	9.2	10.8
フランス	3.4	-1.5	-0.1	10.0	12.0
イタリア	0.8	1.1	-0.2	15.6	17.6
日本	5.0	-4.0	0.0	5.3	6.2
合計	3.2	1.2	-0.3	5.7	10.0

（訳者注：ジェネリクスとは新薬の特許が切れたのちに販売される薬）

解答欄

図と表を組み合わせて使う

視点を変えるアプローチを採用。通常バーチャートで描かれるものでもコラムチャートと表を組み合わせると読みやすくなる

　問題12は数値をすべて書き込んであるので、データ間の区別がほとんどつかなくなっている例である。このようなチャートは読み手がいらいらするほど読みづらいが、目盛りが無理やり圧縮されていることがその主な原因となっている。

　この場合には、私は合計だけをコラムチャートで描き、それぞれの国の下に残りのデータを表の形で表してみた。このようにすると、国ごとの成長の幅を確認することができ、その後、文字の間に余裕のある読みやすい表によって、その変化の基となった要素を検討することができる。

　ところで、コラムの順序はそのときのメッセージの意図によって昇順か降順どちらに並べても差し支えなかった。今回は「アイテム比較法」なので通常は横向きのバーチャートで描かれるべきものなのだが、ここは柔軟にとらえて、縦のバーがうまく意図を表現していると考えよう。

　このチャートは、あまりにも当たり前すぎて往々にして気づかないような解決法もある、という好例である。一番よい解決策が単に「表にする」ことであるかもしれないのに、我々はデータをバーチャートやコラムチャート、その他の何であれ、図で描かなければならないと思い込んでしまいがちだ。

問題12

薬品市場の実質的な伸び

変化の要素 年間平均成長率, %

市場	数量	価格	Mix ジェネリクス	新規／その他	合計
アメリカ	1.7	7.9	-0.5	3.6	13.2
ドイツ	1.0	1.0	-0.6	5.0	6.5
イギリス	1.8	0.8	-1.1	9.2	10.8
フランス	3.4	-1.5	-0.1	10.0	12.0
イタリア	0.8	1.1	-0.2	15.6	17.6
日本	5.0	-4.0	0.0	5.3	6.2
合計	3.2	1.2	-0.3	5.7	10.0

問題12の解答例

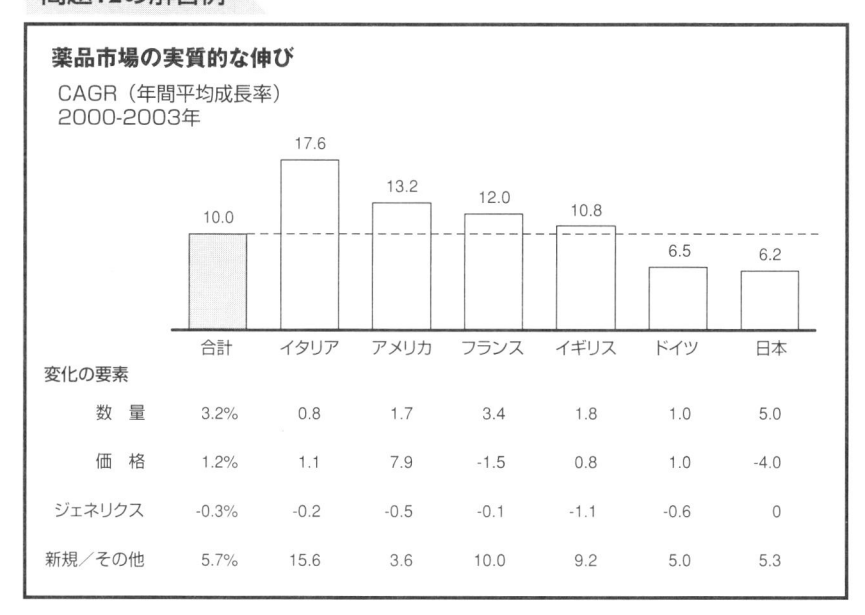

薬品市場の実質的な伸び

CAGR（年間平均成長率）
2000-2003年

	合計	イタリア	アメリカ	フランス	イギリス	ドイツ	日本
	10.0	17.6	13.2	12.0	10.8	6.5	6.2

変化の要素

	合計	イタリア	アメリカ	フランス	イギリス	ドイツ	日本
数　量	3.2%	0.8	1.7	3.4	1.8	1.0	5.0
価　格	1.2%	1.1	7.9	-1.5	0.8	1.0	-4.0
ジェネリクス	-0.3%	-0.2	-0.5	-0.1	-1.1	-0.6	0
新規／その他	5.7%	15.6	3.6	10.0	9.2	5.0	5.3

問題 13 あなたならどう改善する？

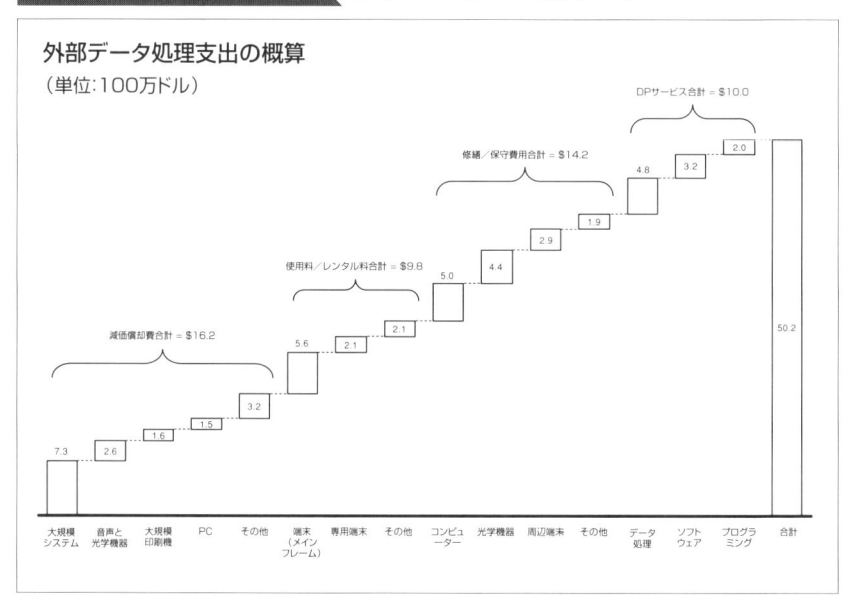

外部データ処理支出の概算
（単位:100万ドル）

減価償却費合計 = $16.2
使用料／レンタル料合計 = $9.8
修繕／保守費用合計 = $14.2
DPサービス合計 = $10.0

大規模システム	音声と光学機器	大規模印刷機	PC	その他	端末（メインフレーム）	専用端末	その他	コンピューター	光学機器	周辺端末	その他	データ処理	ソフトウェア	プログラミング	合計
7.3	2.6	1.6	1.5	3.2	5.6	2.1	2.1	5.0	4.4	2.9	1.9	4.8	3.2	2.0	50.2

解答欄

要素が多い場合は整理する

視点を変えるアプローチを採用。パイチャートは要素が多すぎるとうまくいかない。その際は他のチャートを使うことを考慮

　ウォーターフォールチャートは、増減の組み合わせを表すために用いると一番優れた機能を発揮する。しかし、それ以外の場合に使うと、チャートデザインの悪いほうの典型になってしまいかねない。つまり、「これ以上ないほど単純だから、複雑にしようがない。それにもかかわらず複雑にしてしまう」ということだ。

　ここで考えられるチャートフォームが、「図表1-1データチャート作成のガイドライン」にのっとれば、単にいくつかの構成要素（コンポーネント）が合計されて全体を表すパイチャートではないかと気づいただろうか。気づかない人もいかたもしれないが……。

　だが、この例では、構成要素の数が多すぎてパイチャートではうまくいかないことを認めざるを得ない。そこでここは「アイテム比較法」を採用し、バーチャートの塊を4つほどつくってみよう。

　これによりデータをもっとはっきりと区別できる、より大きな目盛りを使用することができた。また、ラベル（項目名）もコラムの幅による制限がなくなり、**ずっと読みやすくなった**ことに注目しよう。

問題13

外部データ処理支出の概算
（単位:100万ドル）

- 減価償却費合計 = $16.2
  - 大規模システム: 7.3
  - 音声と光学機器: 2.6
  - 大規模印刷機: 1.6
  - PC: 1.5
  - その他: 3.2
- 使用料／レンタル料合計 = $9.8
  - 端末（メインフレーム）: 5.6
  - 専用端末: 2.1
  - その他: 2.1
- 修繕／保守費用合計 = $14.2
  - コンピューター: 5.0
  - 光学機器: 4.4
  - 周辺端末: 2.9
  - その他: 1.9
- DPサービス合計 = $10.0
  - データ処理: 4.8
  - ソフトウェア: 3.2
  - プログラミング: 2.0

合計: 50.2

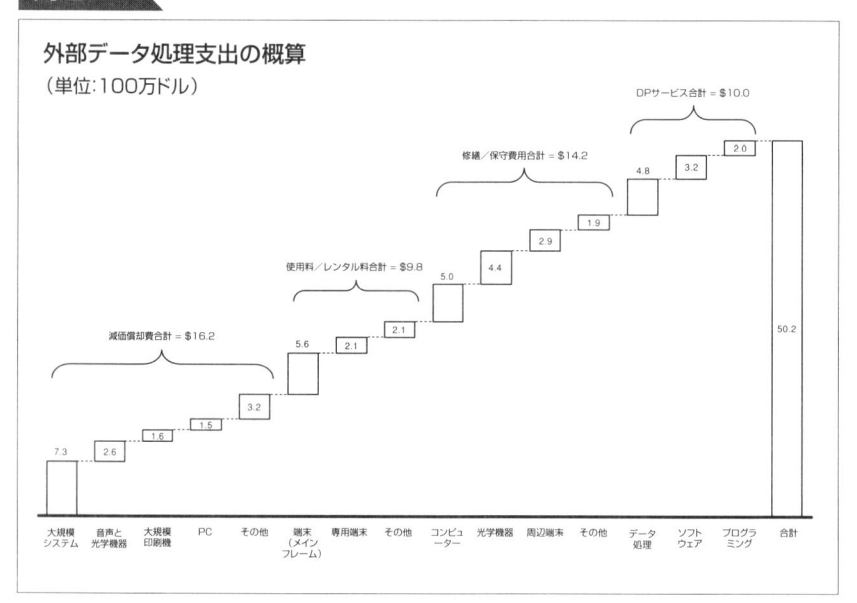

問題13の解答例

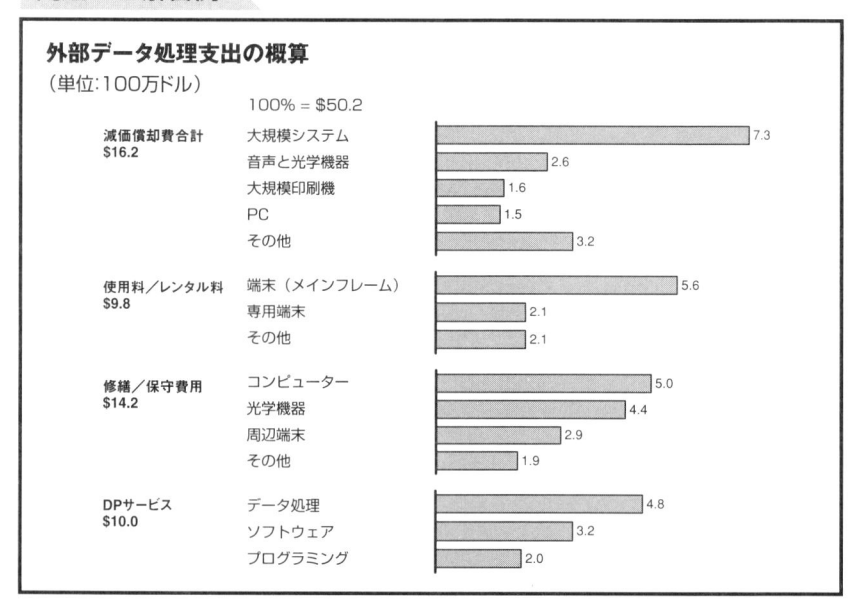

外部データ処理支出の概算
（単位:100万ドル）

100% = $50.2

減価償却費合計 $16.2	大規模システム	7.3
	音声と光学機器	2.6
	大規模印刷機	1.6
	PC	1.5
	その他	3.2
使用料／レンタル料 $9.8	端末（メインフレーム）	5.6
	専用端末	2.1
	その他	2.1
修繕／保守費用 $14.2	コンピューター	5.0
	光学機器	4.4
	周辺端末	2.9
	その他	1.9
DPサービス $10.0	データ処理	4.8
	ソフトウェア	3.2
	プログラミング	2.0

SAY IT WITH CHARTS WORKBOOK

問題 14　あなたならどう改善する？

営業成績を駆り立てる典型的な管理行動で目標を見失うことがある

手段

手段	一般的な改善策	現実
市場細分化	・大口顧客へ傾注する	・大口顧客の収益性が高いとは限らない
顧客カバーの方法	・主要顧客へもっとあつく配置	・現行の営業力で20～30％の生産性改善が可能
スキルと動機づけ	・割当の増加 ・トレーニングの実行計画	・顧客満足を犠牲にすれば短期的には売上げの改善が可能 ・コーチングなしではほとんどのトレーニング成果が1カ月以内で消え去る
営業手順	・顧客コンタクト管理のコンピューターソフトで効率を向上させる ・どんな価格でも取引を成立させる	・行動の改善がなければ効果は限定的 ・50％以上の顧客に関して取引の利幅は往々にしてマイナス
職務遂行管理	・営業部隊を「徹底的に点検する」よう管理者に命令する	・ほとんどの管理者は報告書と会議で過重労働になっている

解答欄

1枚につきメッセージは1つ

枚数を多くするアプローチを採用。配付資料とプレゼンテーションで使う図は違う。1枚の図につき1つの解説に専念

　ここまできたら、あなたがこの事例にどう対処すべきかすぐに気がつけるようになっているものと、私は信じたい。

　前にも同じような例があったが、このチャートも配布資料の1枚としてはうまくできている。

　しかし、スクリーン上のプレゼンテーションでは、たとえスライドの枚数を少なくするように強制されたとしても、何枚かのスライドに分割してそれぞれのページについて1つの解説に専念したほうがよい。そうすることで聞き手が資料の先読みをすることも避けられる。

問題14

営業成績を駆り立てる典型的な管理行動で目標を見失うことがある

手段	一般的な改善策	現実
市場細分化	・大口顧客へ傾注する	・大口顧客の収益性が高いとは限らない
顧客カバーの方法	・主要顧客へもっとあつく配置	・現行の営業力で20～30％の生産性改善が可能
スキルと動機づけ	・割当の増加 ・トレーニングの実行計画	・顧客満足を犠牲にすれば短期的には売上げの改善が可能 ・コーチングなしではほとんどのトレーニング成果が1カ月以内に消え去る
営業手順	・顧客コンタクト管理のコンピューターソフトで効率を向上させる ・どんな価格でも取引を成立させる	・行動の改善がなければ効果は限定的 ・50％以上の顧客に関して取引の利幅は往々にしてマイナス
職務遂行管理	・営業部隊を「徹底的に点検する」よう管理者に命令する	・ほとんどの管理者は報告書と会議で過重労働になっている

問題14の解答例①

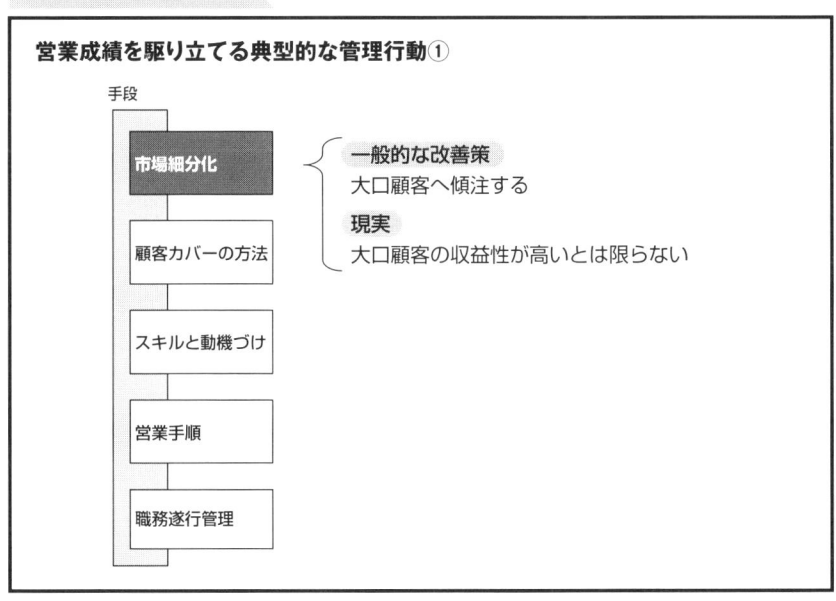

営業成績を駆り立てる典型的な管理行動①

手段

- **市場細分化**
  - **一般的な改善策**
    大口顧客へ傾注する
  - **現実**
    大口顧客の収益性が高いとは限らない
- 顧客カバーの方法
- スキルと動機づけ
- 営業手順
- 職務遂行管理

第2章●実際にチャートを描いてみよう

問題14の解答例②

営業成績を駆り立てる典型的な管理行動②

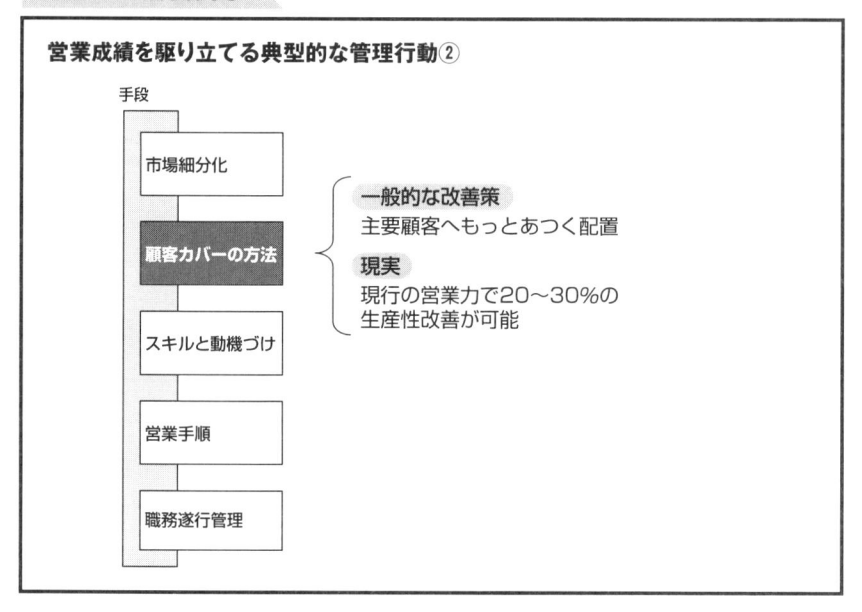

手段
- 市場細分化
- **顧客カバーの方法**
- スキルと動機づけ
- 営業手順
- 職務遂行管理

一般的な改善策
主要顧客へもっとあつく配置

現実
現行の営業力で20〜30%の生産性改善が可能

問題14の解答例③

営業成績を駆り立てる典型的な管理行動③

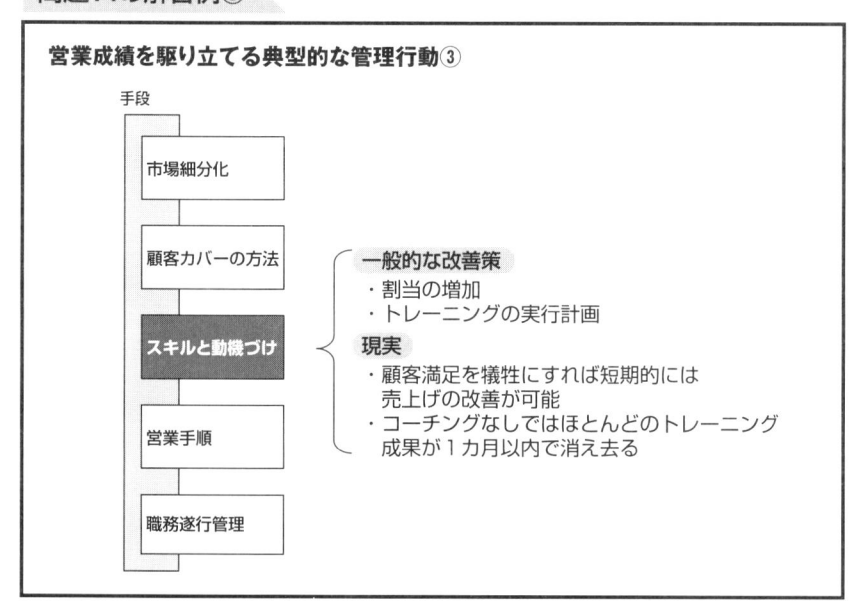

手段
- 市場細分化
- 顧客カバーの方法
- **スキルと動機づけ**
- 営業手順
- 職務遂行管理

一般的な改善策
・割当の増加
・トレーニングの実行計画

現実
・顧客満足を犠牲にすれば短期的には売上げの改善が可能
・コーチングなしではほとんどのトレーニング成果が1カ月以内で消え去る

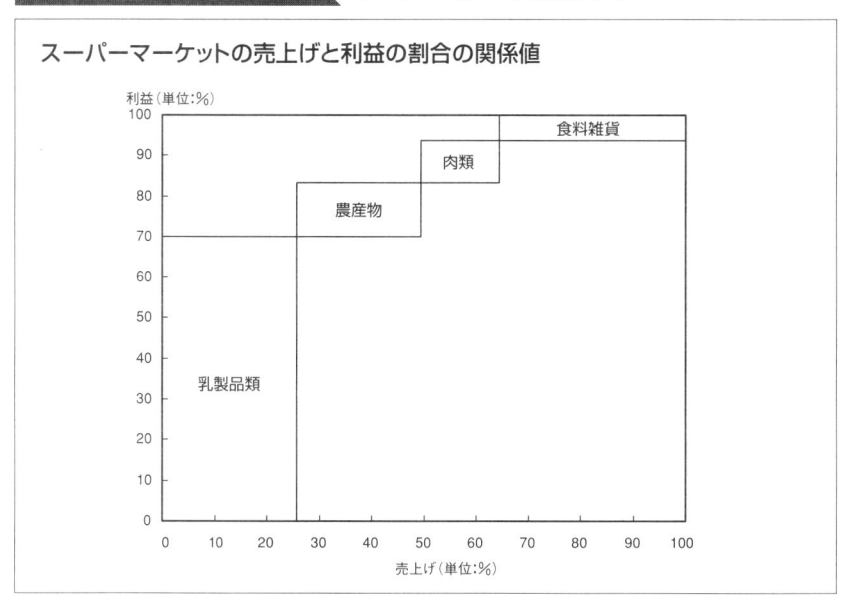

問題 15　あなたならどう改善する？

スーパーマーケットの売上げと利益の割合の関係値

利益（単位：％）を縦軸、売上げ（単位：％）を横軸としたグラフ：

- 乳製品類：売上げ 0～約25％、利益 0～70％
- 農産物：売上げ 約25～50％、利益 0～80％
- 肉類：売上げ 約50～65％、利益 0～85％
- 食料雑貨：売上げ 約65～100％、利益 0～95％

解答欄

第2章●実際にチャートを描いてみよう

メッセージを素早く伝達する

視点を変えるアプローチ。一見やさしそうに見える図ほどメッセージを理解するのは難しい。素早く伝達できる図を目指す

　単純に見えるチャートほど、その情報の一番うまい読解の仕方を解き明かすには時間がかかるものである。このチャートはちょっとした努力をしなければ、スーパーマーケットの4つの商品部門の売上げと利益の割合の関係値を表そうとしているチャートであることがわからない。
　2つのコラムチャートを使えば、同じメッセージがもっと容易に、素早く伝達できる。

問題15

スーパーマーケットの売上げと利益の割合の関係値

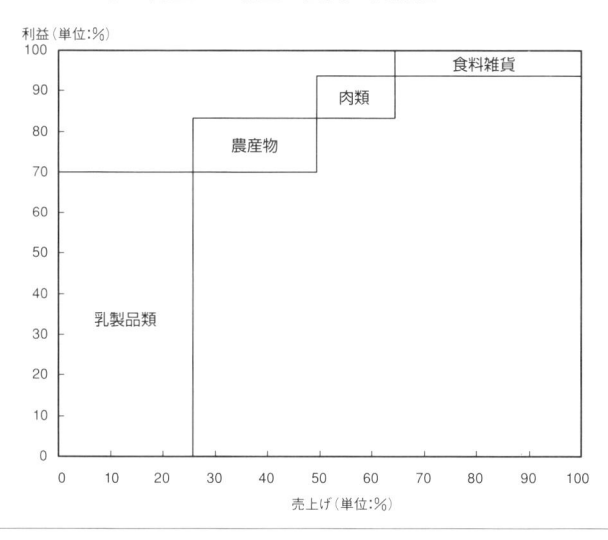

利益（単位:%）縦軸、売上げ（単位:%）横軸のグラフ：
- 乳製品類：売上げ 0〜25%、利益 0〜70%
- 農産物：売上げ 25〜50%、利益 70〜83%
- 肉類：売上げ 50〜65%、利益 83〜93%
- 食料雑貨：売上げ 65〜100%、利益 93〜100%

問題15の解答例

最大の営業努力を傾けている分野で最低の利益しか生み出していない

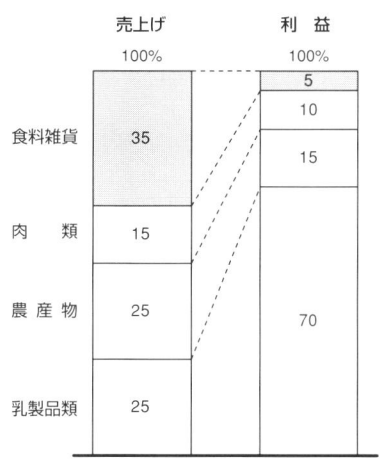

	売上げ 100%	利益 100%
食料雑貨	35	5
		10
		15
肉　類	15	
農産物	25	70
乳製品類	25	

第2章●実際にチャートを描いてみよう

問題 16 あなたならどう改善する？

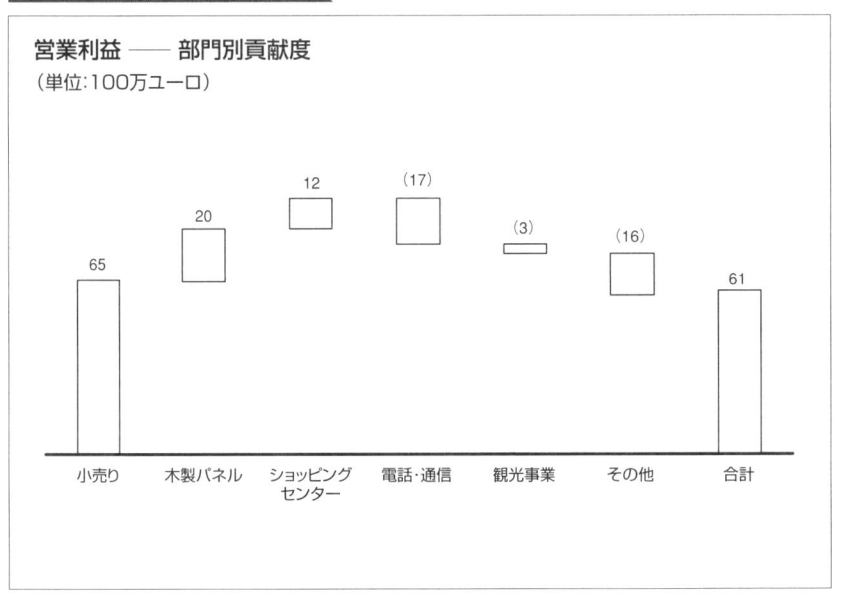

営業利益 —— 部門別貢献度
（単位：100万ユーロ）

小売り	木製パネル	ショッピングセンター	電話・通信	観光事業	その他	合計
65	20	12	(17)	(3)	(16)	61

解答欄

増減を表現する矢印を使う

クリエイティビティーを駆使するアプローチを採用。方向性を示す矢印を使うことで構成要素の動きを示すことが可能になる

　問題16のチャートをもっと読みやすくするには、簡単な提案が2つある。

　1つ目は、問題16の解答例①を見ればわかるように、方向性を示す矢印を使うことでさまざまな構成要素の上がり下がりが理解しやすくなる。

　2つ目は、問題16の解答例②に示してあるように、すべての利益を1つの矢印にまとめ、すべての損失の集積と対比する。

　結果として、この手のチャートでよく目にするような個々の構成要素の数を削減することができる。

問題16

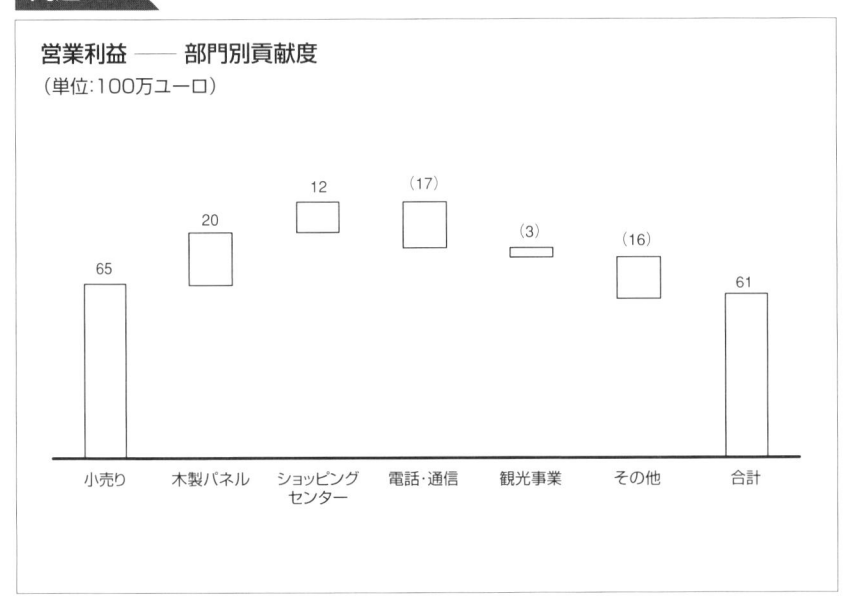

営業利益 ── 部門別貢献度
（単位：100万ユーロ）

	20	12	(17)	(3)	(16)	
65						61

小売り　木製パネル　ショッピングセンター　電話・通信　観光事業　その他　合計

問題16の解答例①

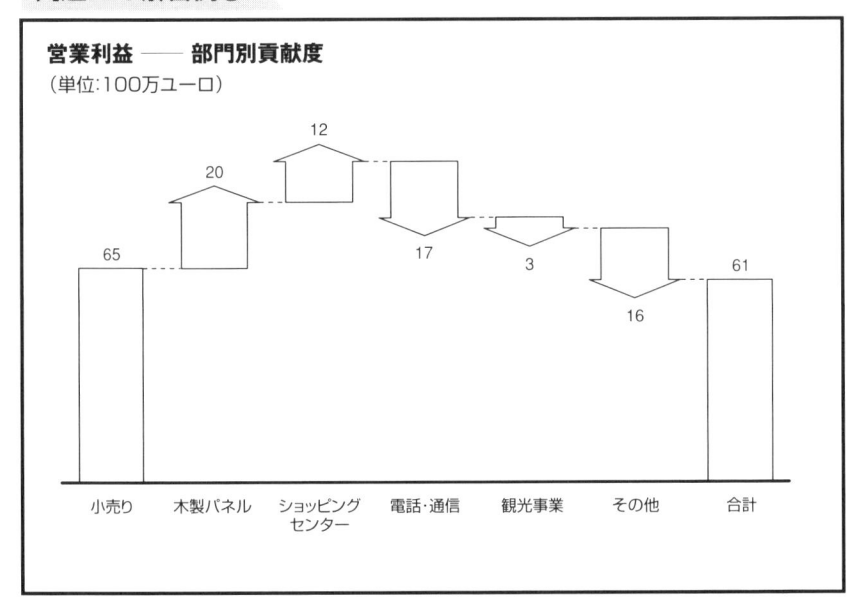

営業利益 ── 部門別貢献度
（単位：100万ユーロ）

65　20↑　12↓17　↓3　↓16　61

小売り　木製パネル　ショッピングセンター　電話・通信　観光事業　その他　合計

問題16

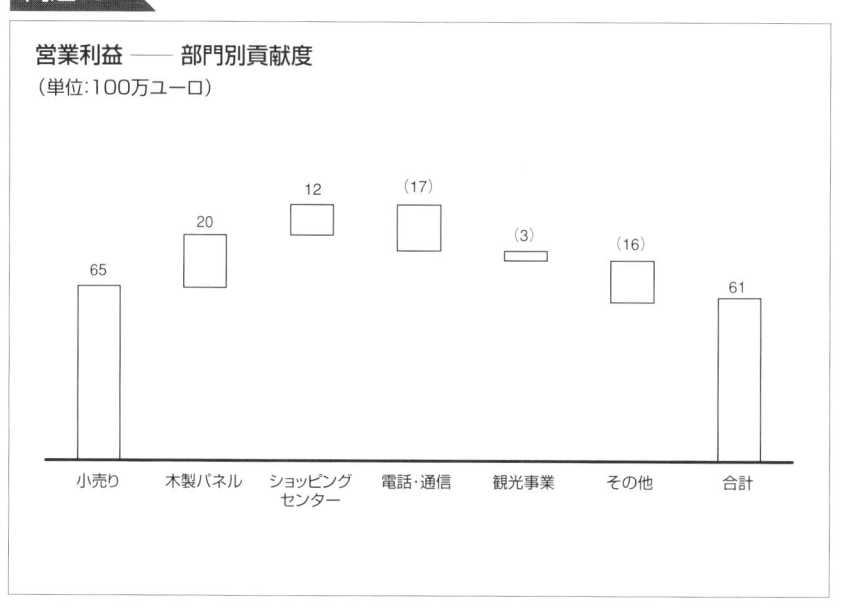

営業利益 ── 部門別貢献度
(単位:100万ユーロ)

小売り	木製パネル	ショッピングセンター	電話・通信	観光事業	その他	合計
65	20	12	(17)	(3)	(16)	61

問題16の解答例②

営業利益 ── 部門別貢献度
(単位:100万ユーロ)

小売り 65

ショッピングセンター 12
木製パネル 20
→ 32

電話・通信 17
観光事業 3
その他 16
→ 36

合計 61

第2章 ● 実際にチャートを描いてみよう

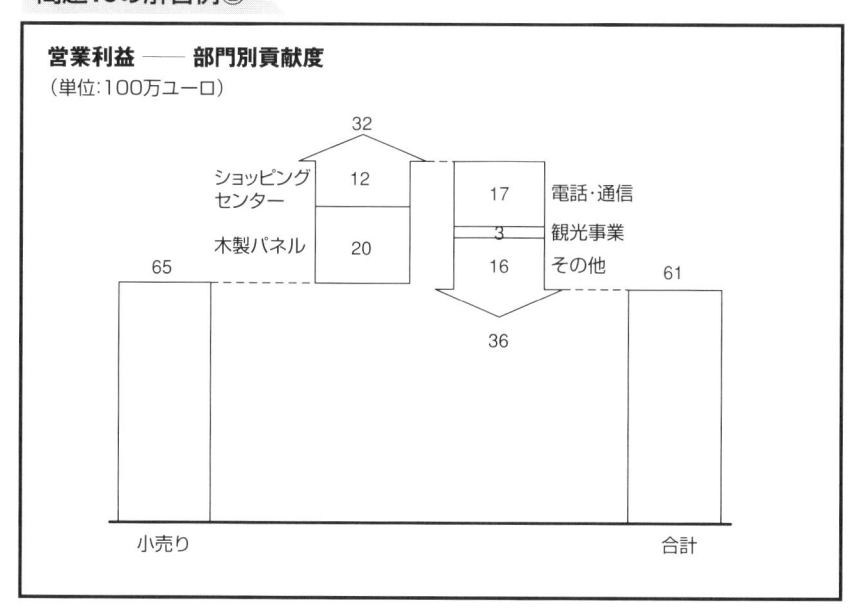

問題 17 あなたならどう改善する？

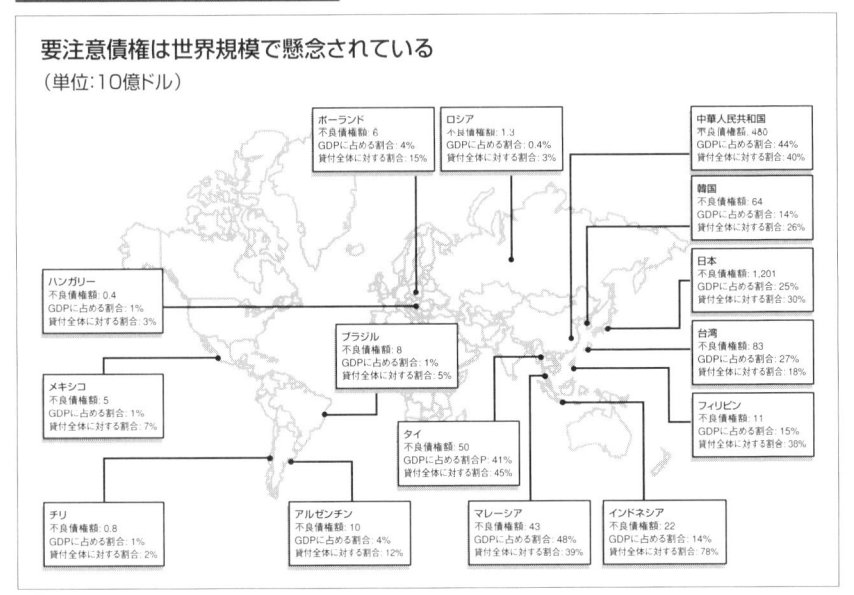

要注意債権は世界規模で懸念されている
（単位：10億ドル）

ポーランド
不良債権額：6
GDPに占める割合：4%
貸付全体に対する割合：15%

ロシア
不良債権額：1.3
GDPに占める割合：0.4%
貸付全体に対する割合：3%

中華人民共和国
不良債権額：480
GDPに占める割合：44%
貸付全体に対する割合：40%

韓国
不良債権額：64
GDPに占める割合：14%
貸付全体に対する割合：26%

日本
不良債権額：1,201
GDPに占める割合：25%
貸付全体に対する割合：30%

台湾
不良債権額：83
GDPに占める割合：27%
貸付全体に対する割合：18%

フィリピン
不良債権額：11
GDPに占める割合：15%
貸付全体に対する割合：38%

ハンガリー
不良債権額：0.4
GDPに占める割合：1%
貸付全体に対する割合：3%

ブラジル
不良債権額：8
GDPに占める割合：1%
貸付全体に対する割合：5%

メキシコ
不良債権額：5
GDPに占める割合：1%
貸付全体に対する割合：7%

タイ
不良債権額：50
GDPに占める割合P：41%
貸付全体に対する割合：45%

チリ
不良債権額：0.8
GDPに占める割合：1%
貸付全体に対する割合：2%

アルゼンチン
不良債権額：10
GDPに占める割合：4%
貸付全体に対する割合：12%

マレーシア
不良債権額：43
GDPに占める割合：48%
貸付全体に対する割合：39%

インドネシア
不良債権額：22
GDPに占める割合：14%
貸付全体に対する割合：78%

解答欄

表の使用で重複表示を避ける

単純にするアプローチを採用。同じ項目名が繰り返し表示されることで図が煩雑になる。繰り返しを省くために表を利用する

　問題17のチャートの場合、世界地図を使うと魅力的になるのは理解できるが、読みやすさに重大な問題があるのはあえて力説するまでもないだろう。また、ハンガリーというラベルがずっと左の端にあり、メキシコやチリの上にあるのが気になる。上のほうにあるポーランドやロシアなど、地理的に近い仲間と一緒に表示されるべきだ。

　それ以上に、3つの指標の記載されたラベルの繰り返しが余分に思える。それがスペースをとりすぎている。

　このようなケースでの私の解決法は、「表にする」ことである。すべてのデータを単純な表に並べるだけで余分なラベルを減らすことができる上に、チャートを見やすくできる。また、地図をずっと単純化し、国々の数表は地図上の位置関係に応じ縦に整列させた。聞き手の関心によっては、問題17の解答例のような左端がアジアから始まる地図ではなく、ヨーロッパやアメリカを最初にしてもよいだろう。

問題17

要注意債権は世界規模で懸念されている
（単位：10億ドル）

ポーランド
不良債権額：6
GDPに占める割合：4%
貸付全体に対する割合：15%

ロシア
不良債権額：1.3
GDPに占める割合：0.4%
貸付全体に対する割合：3%

中華人民共和国
不良債権額：480
GDPに占める割合：44%
貸付全体に対する割合：40%

韓国
不良債権額：64
GDPに占める割合：14%
貸付全体に対する割合：26%

日本
不良債権額：1,201
GDPに占める割合：25%
貸付全体に対する割合：30%

ハンガリー
不良債権額：0.4
GDPに占める割合：1%
貸付全体に対する割合：3%

台湾
不良債権額：83
GDPに占める割合：27%
貸付全体に対する割合：18%

メキシコ
不良債権額：5
GDPに占める割合：1%
貸付全体に対する割合：7%

ブラジル
不良債権額：8
GDPに占める割合：1%
貸付全体に対する割合：5%

フィリピン
不良債権額：11
GDPに占める割合：15%
貸付全体に対する割合：38%

チリ
不良債権額：0.8
GDPに占める割合：1%
貸付全体に対する割合：2%

アルゼンチン
不良債権額：10
GDPに占める割合：4%
貸付全体に対する割合：12%

タイ
不良債権額：50
GDPに占める割合P：41%
貸付全体に対する割合：45%

マレーシア
不良債権額：43
GDPに占める割合：48%
貸付全体に対する割合：39%

インドネシア
不良債権額：22
GDPに占める割合：14%
貸付全体に対する割合：78%

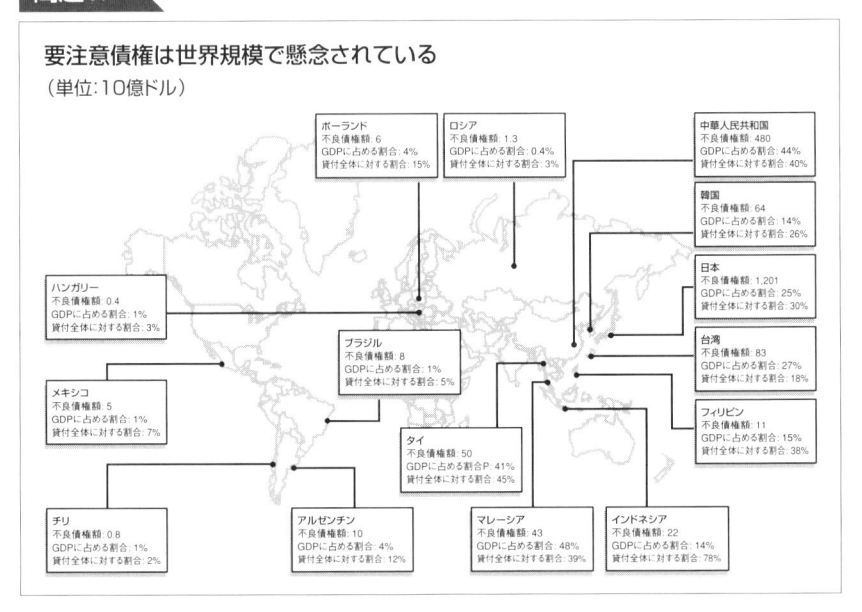

問題17の解答例

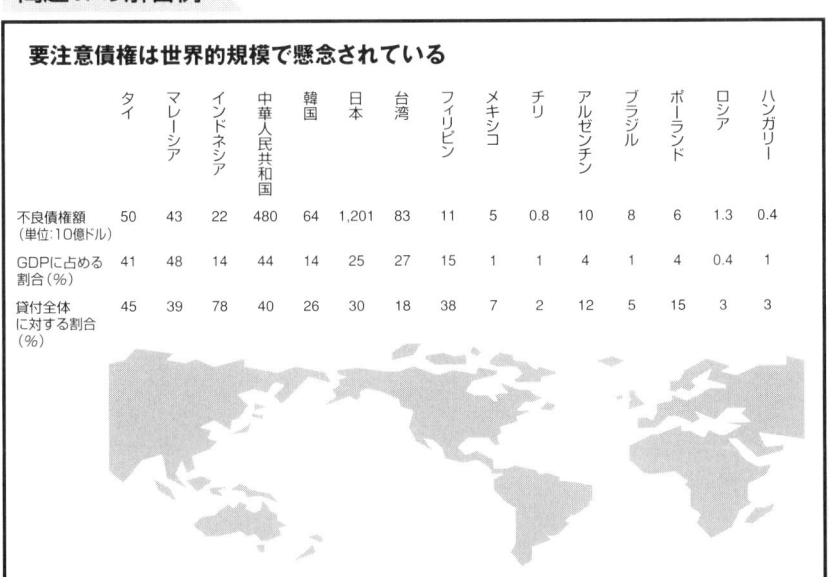

要注意債権は世界的規模で懸念されている

	タイ	マレーシア	インドネシア	中華人民共和国	韓国	日本	台湾	フィリピン	メキシコ	チリ	アルゼンチン	ブラジル	ポーランド	ロシア	ハンガリー
不良債権額（単位：10億ドル）	50	43	22	480	64	1,201	83	11	5	0.8	10	8	6	1.3	0.4
GDPに占める割合（%）	41	48	14	44	14	25	27	15	1	1	4	1	4	0.4	1
貸付全体に対する割合（%）	45	39	78	40	26	30	18	38	7	2	12	5	15	3	3

問題 18　あなたならどう改善する？

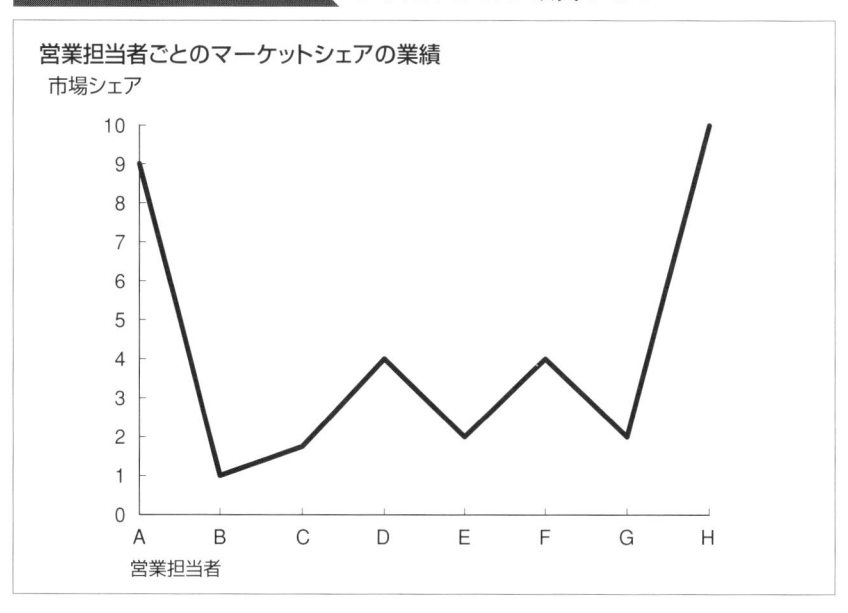

営業担当者ごとのマーケットシェアの業績

市場シェア

(縦軸：0〜10、横軸：営業担当者 A〜H)

A: 9、B: 1、C: 約1.8、D: 4、E: 2、F: 4、G: 2、H: 10

解答欄

初歩的な原則を適用する

視点を変えるアプローチを採用。原則にはなるべく忠実に。
「図表1−1　データチャート作成のガイドライン」を参照

　これはデータチャートの初歩的な原則の重要性を示す典型例である。すなわち、チャートは聞き手にまず視覚上の印象を与えてしまうので、タイトル、目盛、脚注などの印象はすべて二次的なものとなるという原則だ。

　私がこのチャートを見たとたんに抱いた印象は、「ある期間内にマーケットシェアが激しい変動に見舞われたが、初期に耐え忍んだ重大な損失を最後には取り戻した」というものだ。

　しかしじっくり眺めてみると、実は、そうした「時系列比較法」ではなく、数名の営業担当者の業績を対比した「アイテム比較法」であることに気がついた。バーチャートで処理したことで、ビジュアルで伝えるべき印象がいかに素早く、しかも正確に伝わるようになったかという点に注目してほしい。

問題18

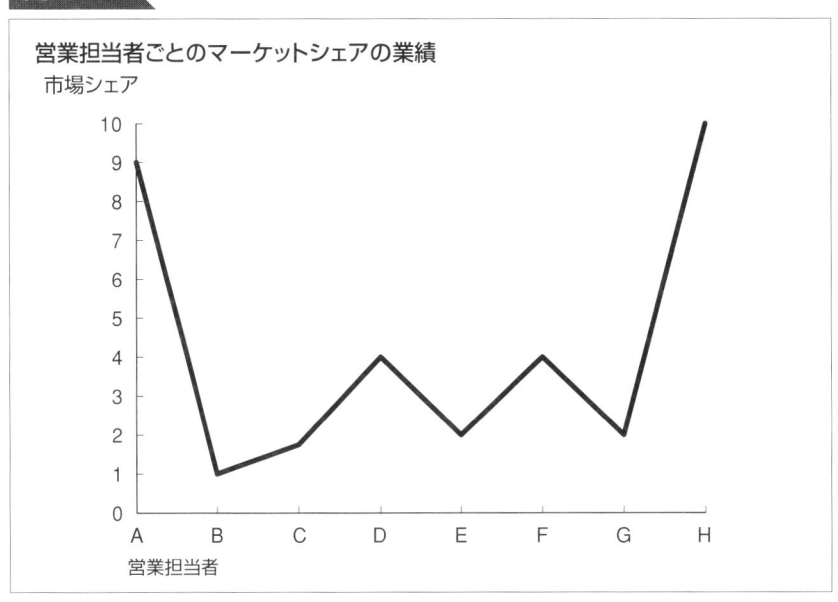

営業担当者ごとのマーケットシェアの業績
市場シェア

問題18の解答例

営業担当者ごとのマーケットシェアの業績は明らかに異なる

市場シェア
営業担当者：H, A, D, F, E, G, C, B

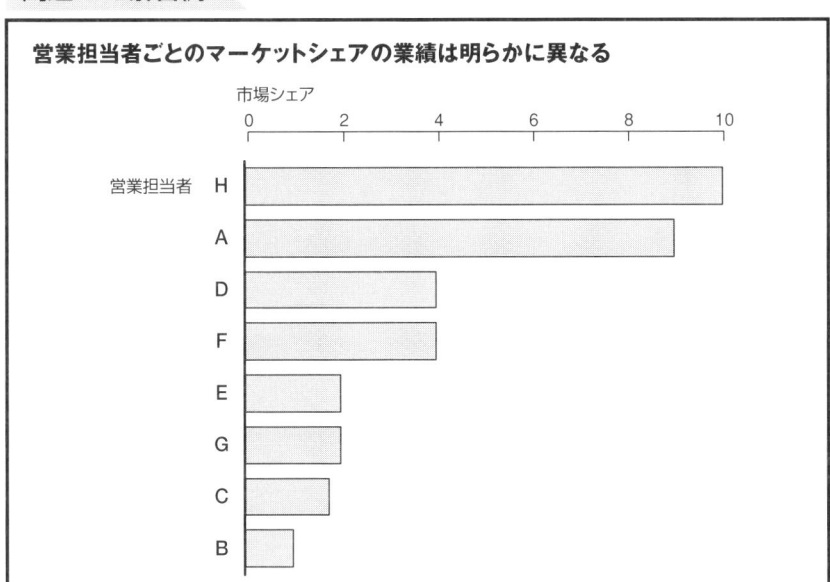

問題 19 あなたならどう改善する？

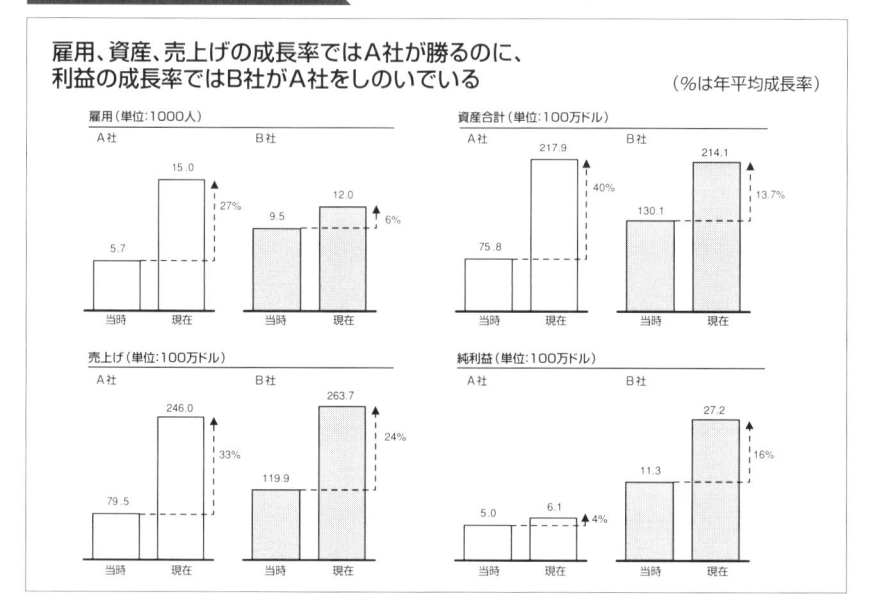

雇用、資産、売上げの成長率ではA社が勝るのに、
利益の成長率ではB社がA社をしのいでいる

（%は年平均成長率）

雇用（単位:1000人）

A社：当時 5.7 → 現在 15.0　↑27%
B社：当時 9.5 → 現在 12.0　↑6%

資産合計（単位:100万ドル）

A社：当時 75.8 → 現在 217.9　↑40%
B社：当時 130.1 → 現在 214.1　↑13.7%

売上げ（単位:100万ドル）

A社：当時 79.5 → 現在 246.0　↑33%
B社：当時 119.9 → 現在 263.7　↑24%

純利益（単位:100万ドル）

A社：当時 5.0 → 現在 6.1　↑4%
B社：当時 11.3 → 現在 27.2　↑16%

解答欄

「何を伝えたいのか」を考える

視点を変えるアプローチを採用。タイトルで述べていることを特に強調する図を作成するべき。それ以外の要素はそえるだけ

　収集したすべてのデータを見せようとするあまり、時には不適切な数値を書き入れてしまうことがある。ここでは、実際の従業員数や、資産、売上げ、税引後利益などを比較しようとしているのではなく、一定期間内でのそれらの変化の割合を比較しているのである。この例ではそれぞれの年平均成長率を比較している。

　それらの成長率を比較することにより、メッセージタイトルで述べられている逆転パターンをもっとわかりやすく、素早く理解してもらうことができる。

　ところで、実数を見せることが重要であるなら、チャートの下部にある時間を示す軸の下に表の形でそれぞれの実数を表示しておけばまったく問題はない。

問題19

**雇用、資産、売上げの成長率ではA社が勝るのに、
利益の成長率ではB社がA社をしのいでいる**

(%は年平均成長率)

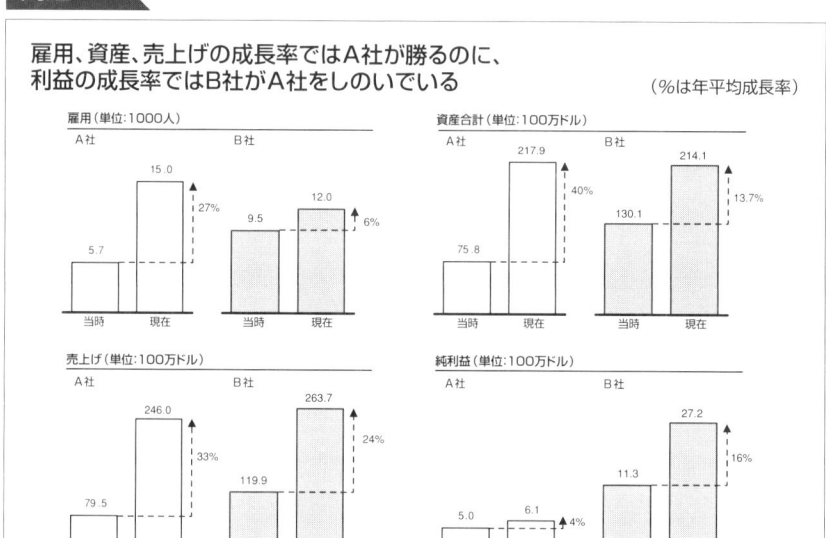

雇用(単位:1000人)
- A社: 当時 5.7 → 現在 15.0 (27%)
- B社: 当時 9.5 → 現在 12.0 (6%)

資産合計(単位:100万ドル)
- A社: 当時 75.8 → 現在 217.9 (40%)
- B社: 当時 130.1 → 現在 214.1 (13.7%)

売上げ(単位:100万ドル)
- A社: 当時 79.5 → 現在 246.0 (33%)
- B社: 当時 119.9 → 現在 263.7 (24%)

純利益(単位:100万ドル)
- A社: 当時 5.0 → 現在 6.1 (4%)
- B社: 当時 11.3 → 現在 27.2 (16%)

問題19の解答例

**雇用、資産、売上げの成長率ではA社が勝るにもかかわらず、
利益の成長率ではB社がA社をしのいでいる**

平均年間成長率

売上げ: A社 33%、B社 24%
資産合計: A社 40%、B社 14%
雇用: A社 27%、B社 6%
純利益: A社 16%、B社 4%

	売上げ		資産合計		雇用		純利益	
	(単位:100万ドル)		(単位:100万ドル)		(単位:1000人)		(単位:100万ドル)	
	当時	現在	当時	現在	当時	現在	当時	現在
A社	79.5	246.0	75.8	27.9	5.7	15.0	5.0	6.1
B社	119.9	263.7	130.4	214.1	9.5	12.0	11.3	27.2

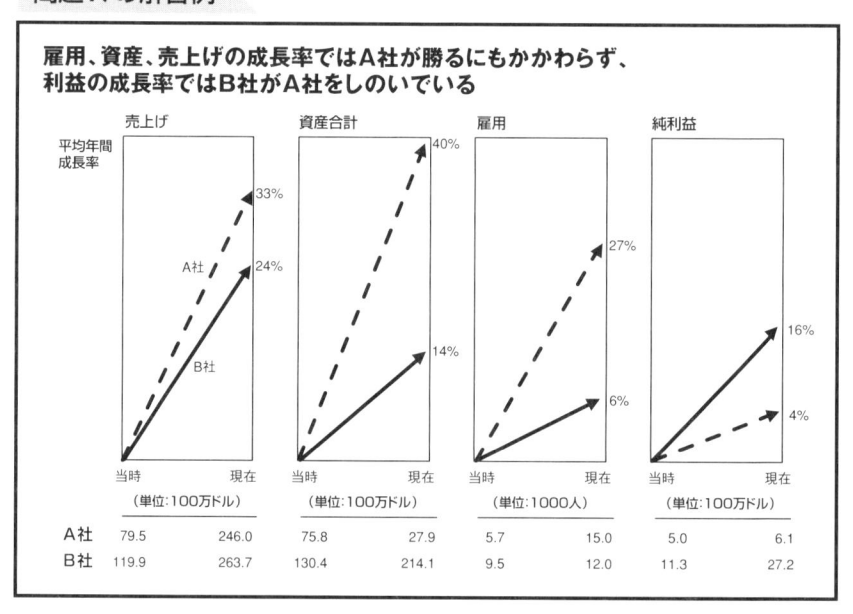

問題 20　あなたならどう改善する？

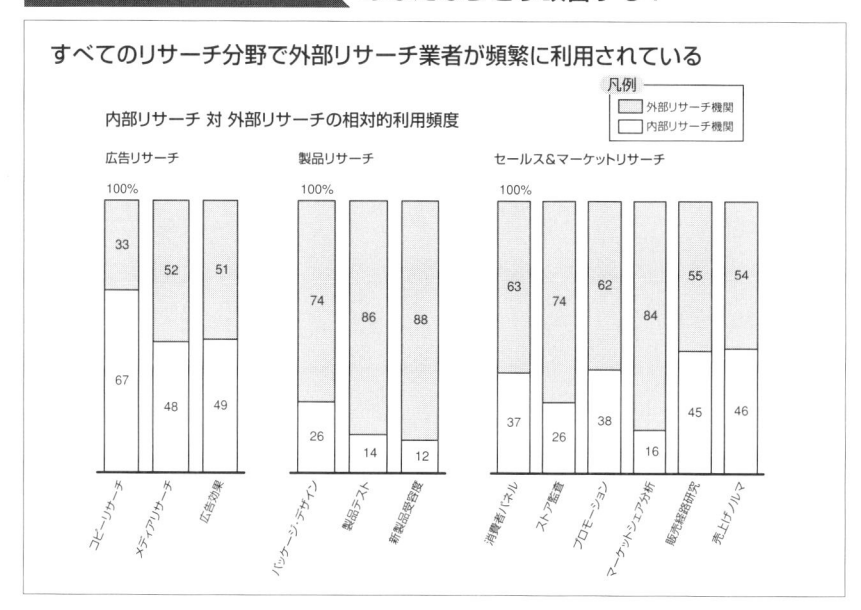

すべてのリサーチ分野で外部リサーチ業者が頻繁に利用されている

内部リサーチ 対 外部リサーチの相対的利用頻度

凡例
- 外部リサーチ機関
- 内部リサーチ機関

広告リサーチ
- コピーリサーチ：外部33／内部67
- メディアリサーチ：外部52／内部48
- 広告効果：外部51／内部49

製品リサーチ
- パッケージ・デザイン：外部74／内部26
- 製品テスト：外部86／内部14
- 新製品受容度：外部88／内部12

セールス＆マーケットリサーチ
- 消費者パネル：外部63／内部37
- ストア監査：外部74／内部26
- プロモーション：外部62／内部38
- マーケットシェア分析：外部84／内部16
- 販売経路研究：外部55／内部45
- 売上ノルマ：外部54／内部46

解答欄

読みにくい表示を回避する

視点を変えるアプローチ。縦から横にすること、基準線を利用すること、凡例を省略することで、余白ができ見やすくなる

　私は普段から、読者がコラムの最下部にあるラベルを読もうとして首をひねらなくてすむように随分と努力しているのだが、問題20では読者は皆、首をひねったにちがいない。私は同じように、何と何が関連しているかを理解するために読者が凡例とチャートそのものとを交互に見ざるを得ないようなことを極力避けている。

　ここではコラムチャートの代わりに横のバーチャートを使用することにより、ラベルのスペースを増やし、読みやすくなるようにしている。また、凡例を省きその情報をチャートの一部として取り込んだ。スライド状の100パーセントバーチャートを採用し、内部と外部を分ける縦線を基準値として使用することにより、それらの違いをずっと明確に対比している。

問題20

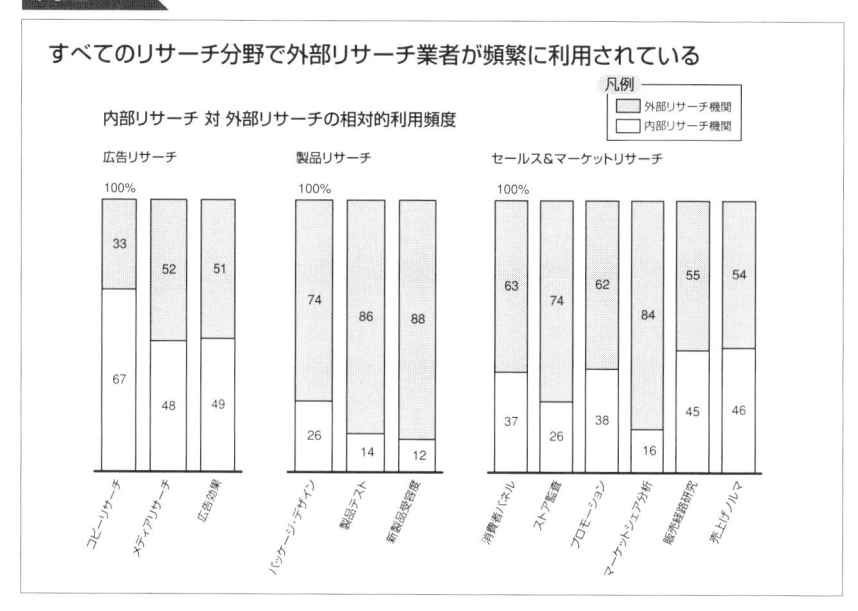

すべてのリサーチ分野で外部リサーチ業者が頻繁に利用されている

凡例
- 外部リサーチ機関
- 内部リサーチ機関

内部リサーチ 対 外部リサーチの相対的利用頻度

広告リサーチ
- コピーリサーチ: 33 / 67
- メディアリサーチ: 52 / 48
- 広告効果: 51 / 49

製品リサーチ
- パッケージ・デザイン: 74 / 26
- 製品テスト: 86 / 14
- 新製品受容度: 88 / 12

セールス&マーケットリサーチ
- 消費者パネル: 63 / 37
- ストア監査: 74 / 26
- プロモーション: 62 / 38
- マーケットシェア分析: 84 / 16
- 販売経路研究: 55 / 45
- 売上げノルマ: 54 / 46

問題20の解答例

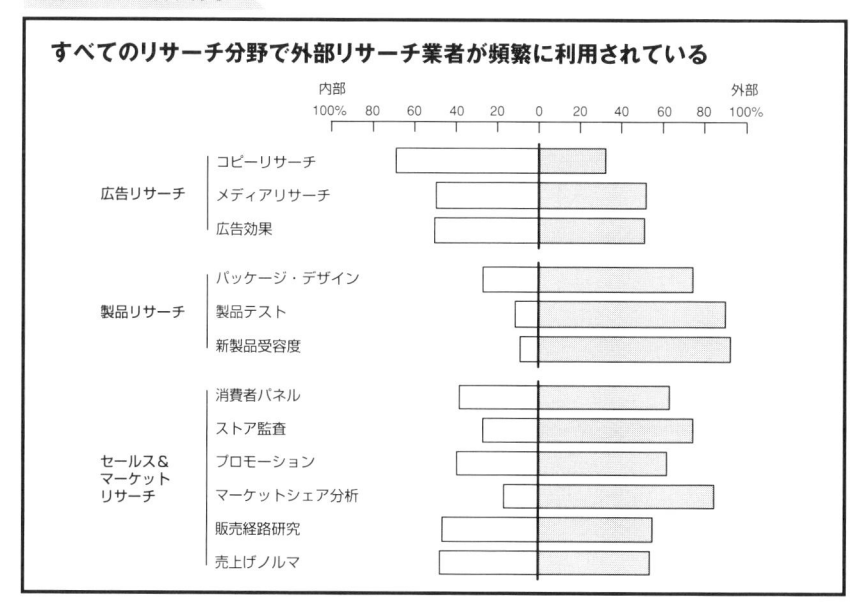

すべてのリサーチ分野で外部リサーチ業者が頻繁に利用されている

内部 ← 100% 80 60 40 20 0 20 40 60 80 100% → 外部

広告リサーチ
- コピーリサーチ
- メディアリサーチ
- 広告効果

製品リサーチ
- パッケージ・デザイン
- 製品テスト
- 新製品受容度

セールス&マーケットリサーチ
- 消費者パネル
- ストア監査
- プロモーション
- マーケットシェア分析
- 販売経路研究
- 売上げノルマ

問題 21 あなたならどう改善する？

消費市場セグメンテーション

欲しいもの
・ファミリー向け低価格PC
・長時間没頭できるゲームと双方向TV

欲しいもの
・長時間没頭できるゲームと双方向TV
・PC周辺機器
・高性能なSOHO向け機器
・ホームバンキングサービス

テクノにあこがれる層
・50%は子供があり、そのうち17%がPCをもっている
・45%がゲーム機をもっている

テクノおたく
・50%が1993年以前にPCを購入
・45%は自営
・45%は投資を行なっている

テクノ恐怖症
・55%が55歳以上
・74%が大卒ではない

テクノフォロワー
・55%が1993年以前にPCを購入

欲しいもの
・低価格で操作の簡単な電気製品
・健康管理サービス

欲しいもの
・マルチメディア対応PC
・高性能なSOHO向け機器

縦軸：技術対応力（高／低）
横軸：PC保有率（低／高）

解答欄

枚数を増やしイラストを使う

枚数を増やす、クリエイティビティーを駆使するアプローチを採用。資料作成に際して大勢の聞き手に説明することを念頭に

　問題21のチャートはこのままでも技術に対する消費者市場の4つのセグメントの個性や要求をうまく表している。配布資料としてはこのままでもよいだろう。

　しかしながら、もしスクリーンを使用するプレゼンテーションを行なうならば、「枚数を多くするアプローチ」という解決方法で数枚のビジュアルに分割すべきだろう。つまり、最初の1枚に4つの象限を紹介し、2枚目から5枚目までで4つの象限それぞれの詳細な個性や要求を見せることにする。

　この資料を私が実際に使用したのは、いつものオフィスから遠く離れた会議場で大勢の聞き手を対象としたプレゼンテーションのときだった。そこで我々はさらに一段進んだ課題に挑戦した。問題21の解答例のように4つの象限の特徴をそれぞれにふさわしい人物のイラストを使って描写した。聞き手の要求に応じて話し手が詳細にも簡略にも述べられ、自由に工夫できるようにした。

問題21

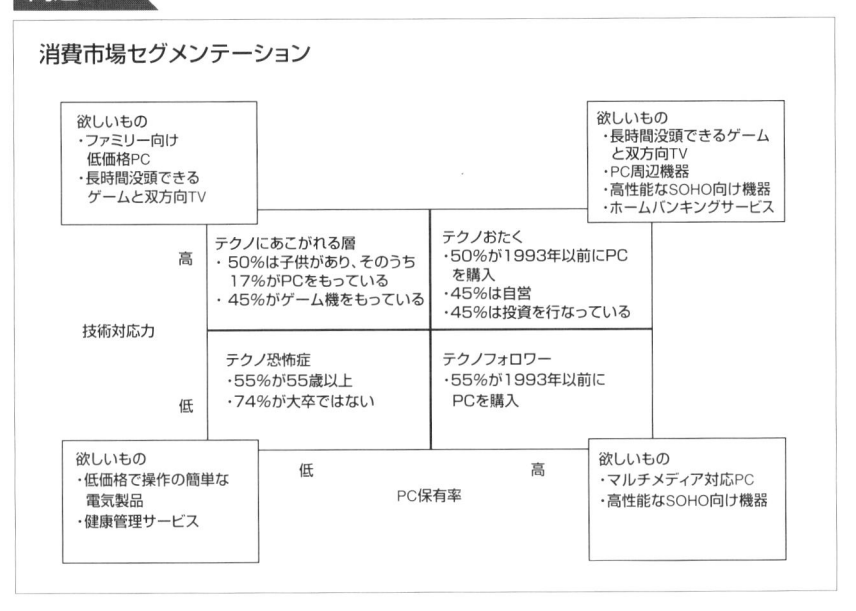

消費市場セグメンテーション

欲しいもの
・ファミリー向け低価格PC
・長時間没頭できるゲームと双方向TV

欲しいもの
・長時間没頭できるゲームと双方向TV
・PC周辺機器
・高性能なSOHO向け機器
・ホームバンキングサービス

技術対応力 高

テクノにあこがれる層
・50%は子供があり、そのうち17%がPCをもっている
・45%がゲーム機をもっている

テクノおたく
・50%が1993年以前にPCを購入
・45%は自営
・45%は投資を行なっている

技術対応力 低

テクノ恐怖症
・55%が55歳以上
・74%が大卒ではない

テクノフォロワー
・55%が1993年以前にPCを購入

PC保有率　低　　高

欲しいもの
・低価格で操作の簡単な電気製品
・健康管理サービス

欲しいもの
・マルチメディア対応PC
・高性能なSOHO向け機器

⬇

問題21の解答例

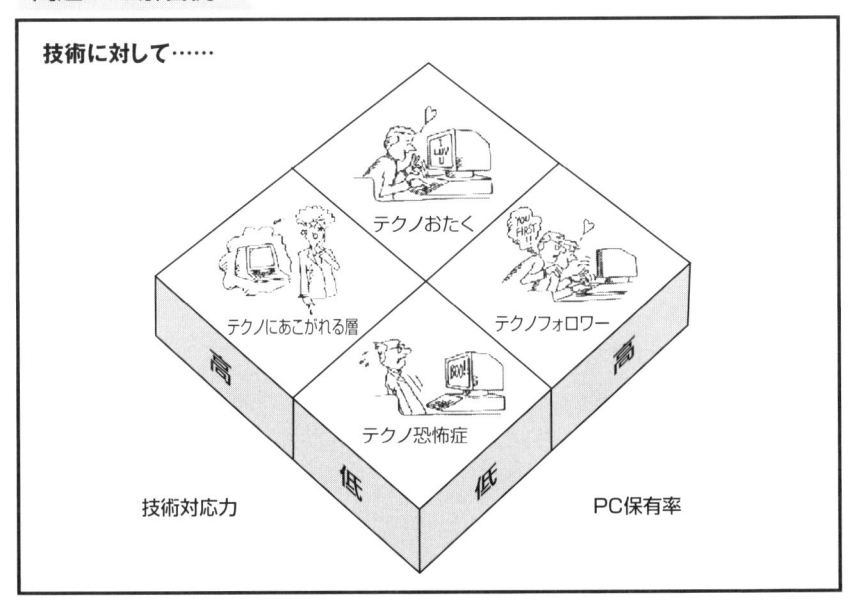

技術に対して……

テクノおたく
テクノにあこがれる層
テクノフォロワー
テクノ恐怖症

技術対応力　高／低
PC保有率　低／高

問題 22 あなたならどう改善する？

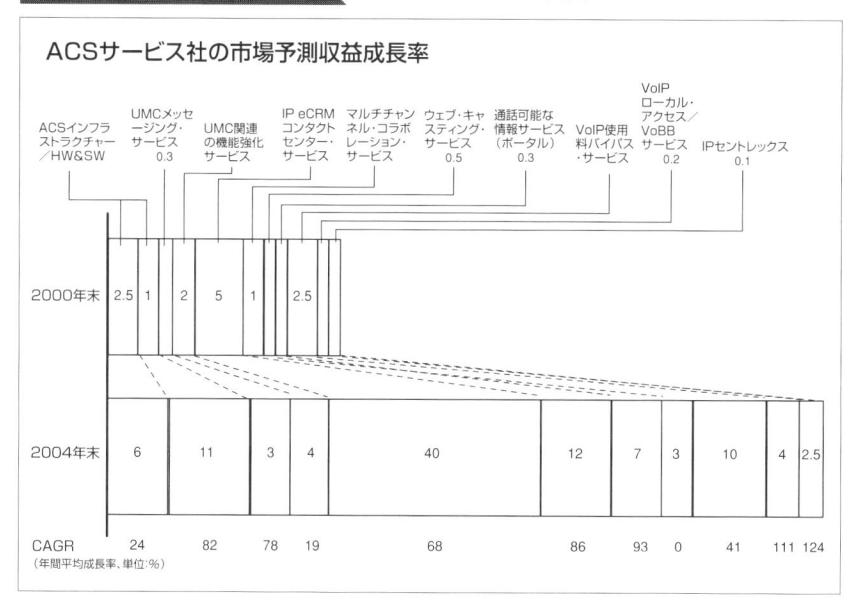

ACSサービス社の市場予測収益成長率

	ACSインフラストラクチャー／HW&SW	UMCメッセージング・サービス 0.3	UMC関連の機能強化サービス	IP eCRM コンタクトセンター・サービス	マルチチャンネル・コラボレーション・サービス	ウェブ・キャスティング・サービス 0.5	通話可能な情報サービス（ポータル）0.3	VoIP使用料バイパス・サービス	VoIPローカル・アクセス／VoBBサービス 0.2	IPセントレックス 0.1
2000年末	2.5	1	2	5	1	2.5				
2004年末	6	11	3	4	40	12	7	3	10	4	2.5
CAGR（年間平均成長率、単位:%）	24	82	78	19	68	86	93	0	41	111	124

解答欄

HOLD ON!

信頼を勝ち取ろう

別のやり方を検討しよう

複雑すぎるチャートを改善

視点を変えるアプローチ。情報が入りすぎて、読みにくいチャートは複数に分割、あるいは表の形にする方法がベター

　このチャートについては、「チャートの不名誉殿堂」というものがあるならば、そこに入れるよう推薦したい。読みづらく複雑すぎる。しばらく時間がかかったが、私は2つの採用できそうな解決案にたどり着いた。

1 ▶ 問題22の解答例①では、複数のコラムチャートは、それぞれの構成要素が一定期間にどのように変化しているかを示している。それぞれの成長はすべて共通の基準に対して測られているのでより明確になった。私はここではCAGR（年間平均成長率）を省いているが、右側のコラムのさらに右側に他の数値と一緒に記入することもできた。
2 ▶ 問題22の解答例②に示してあるように、情報を表の形のままにしておいたほうがわかりやすくなることもある。私はたしかに、表で示したデータは関連性を暗示するだけであるのに対して、図は関連性を明示すると述べた。しかしながらここでは、数値がそれぞれ一列に並んでいて比較がしやすいので、表のほうがうまくいく。何はともあれ、これで原案のやり方より何倍も目的を果たしていることはたしかである。

問題22

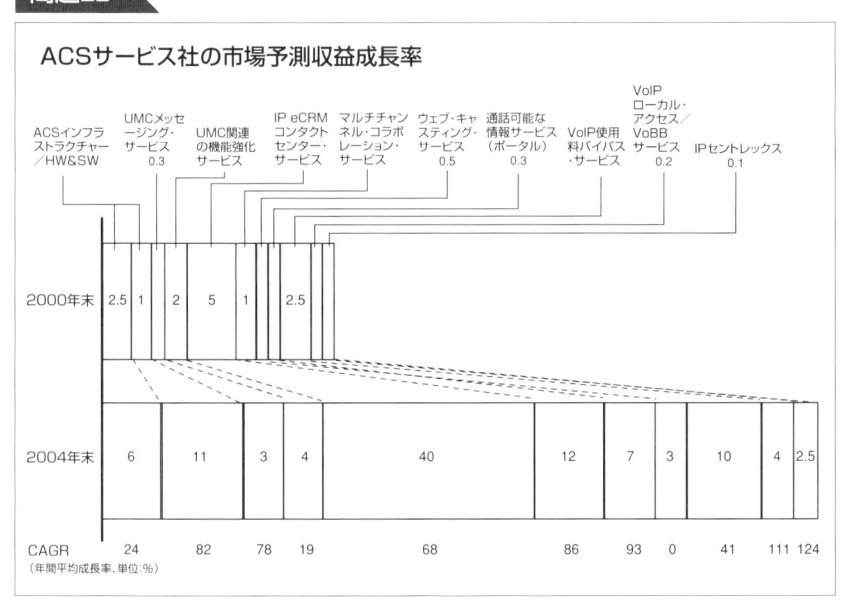

ACSサービス社の市場予測収益成長率

	ACSインフラストラクチャー／HW&SW	UMCメッセージング・サービス 0.3	UMC関連の機能強化サービス	IP eCRM コンタクトセンター・サービス	マルチチャンネル・コラボレーション・サービス	ウェブ・キャスティング・サービス 0.5	通話可能な情報サービス（ポータル）0.3	VoIP使用料バイパス・サービス	VoIPローカル・アクセス／VoBBサービス 0.2	IPセントレックス 0.1
2000年末	2.5	1	2	5	1	2.5				
2004年末	6	11	3	4	40	12	7	3	10	4	2.5
CAGR (年間平均成長率、単位：％)	24	82	78	19	68	86	93	0	41	111	124

問題22の解答例①

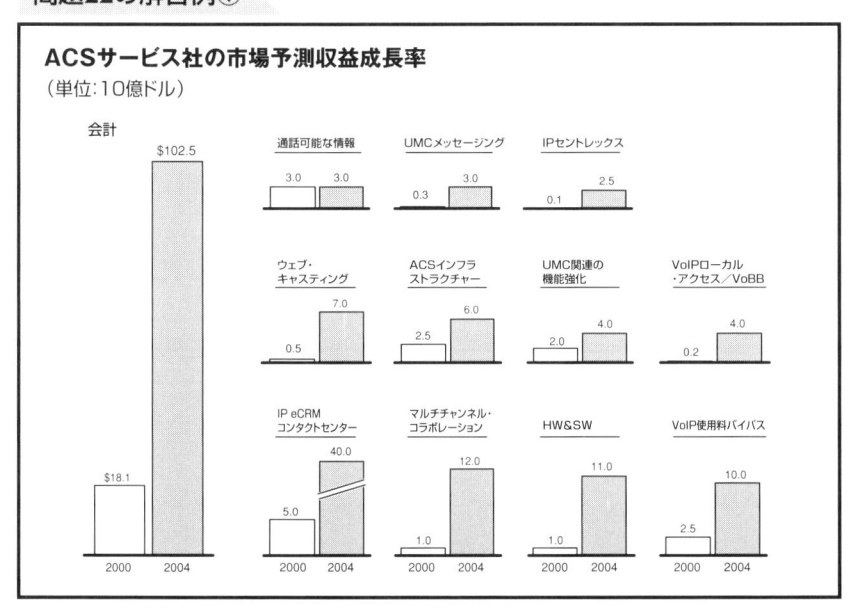

ACSサービス社の市場予測収益成長率
（単位：10億ドル）

会計
- 2000: $18.1
- 2004: $102.5

通話可能な情報: 0.3 → 3.0
UMCメッセージング: 3.0 → 3.0
IPセントレックス: 0.1 → 2.5

ウェブ・キャスティング: 0.5 → 7.0
ACSインフラストラクチャー: 2.5 → 6.0
UMC関連の機能強化: 2.0 → 4.0
VoIPローカル・アクセス／VoBB: 0.2 → 4.0

IP eCRM コンタクトセンター: 5.0 → 40.0
マルチチャンネル・コラボレーション: 1.0 → 12.0
HW&SW: 1.0 → 11.0
VoIP使用料バイパス: 2.5 → 10.0

問題22

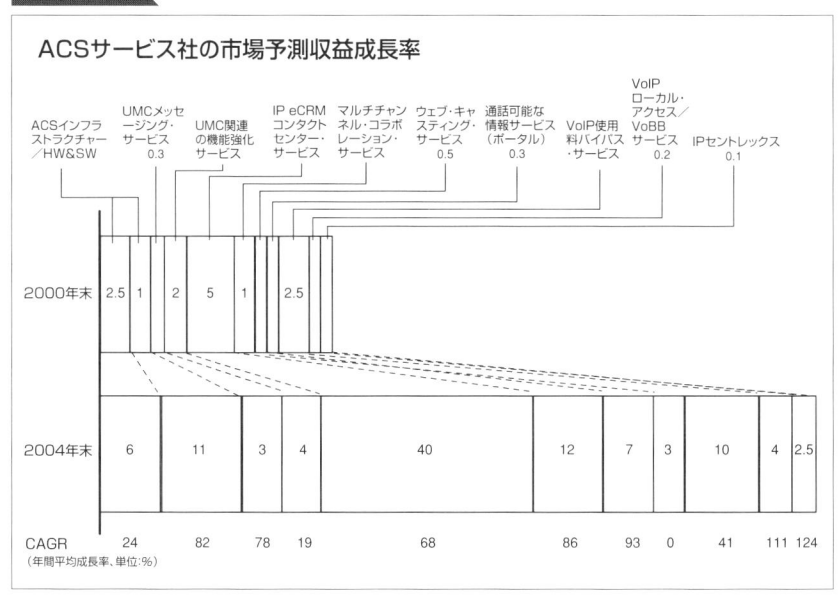

ACSサービス社の市場予測収益成長率

	ACSインフラストラクチャー／HW&SW	UMCメッセージング・サービス	UMC関連の機能強化サービス	IP eCRMコンタクトセンター・サービス	マルチチャンネル・コラボレーション・サービス	ウェブ・キャスティング・サービス	通話可能な情報サービス（ポータル）	VoIP使用料バイパス・サービス	VoIPローカル・アクセス／VoBBサービス	IPセントレックス
2000年末	2.5	0.3	1	2	5	1	2.5	0.3	0.5	0.2	0.1
2004年末	6	11	3	4	40	12	7	3	10	4	2.5
CAGR（年間平均成長率、単位：％）	24	82	78	19	68	86	93	0	41	111	124

↓

問題22の解答例②

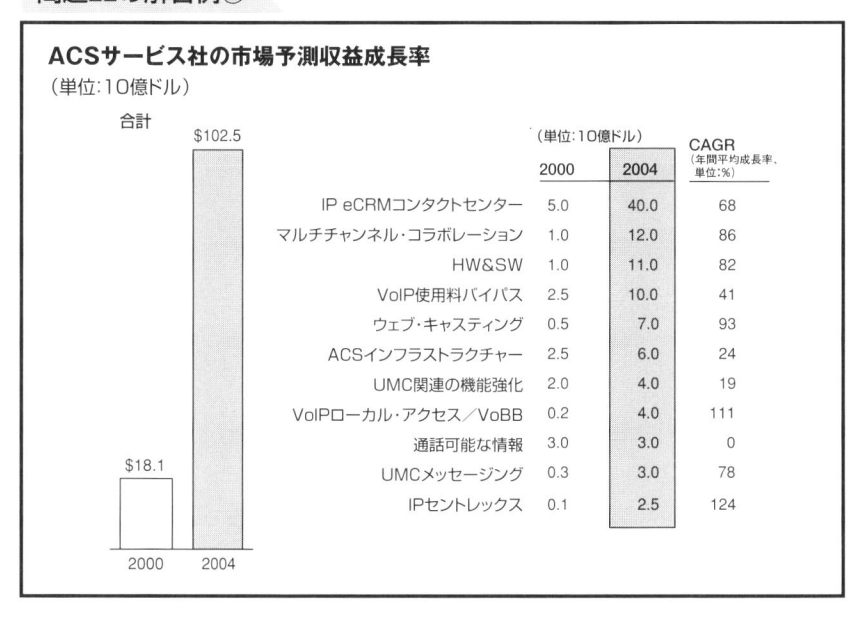

ACSサービス社の市場予測収益成長率
（単位：10億ドル）

合計：2000年 $18.1 → 2004年 $102.5

	（単位：10億ドル）		CAGR（年間平均成長率、単位：％）
	2000	2004	
IP eCRMコンタクトセンター	5.0	40.0	68
マルチチャンネル・コラボレーション	1.0	12.0	86
HW&SW	1.0	11.0	82
VoIP使用料バイパス	2.5	10.0	41
ウェブ・キャスティング	0.5	7.0	93
ACSインフラストラクチャー	2.5	6.0	24
UMC関連の機能強化	2.0	4.0	19
VoIPローカル・アクセス／VoBB	0.2	4.0	111
通話可能な情報	3.0	3.0	0
UMCメッセージング	0.3	3.0	78
IPセントレックス	0.1	2.5	124

問題 23 あなたならどう改善する？

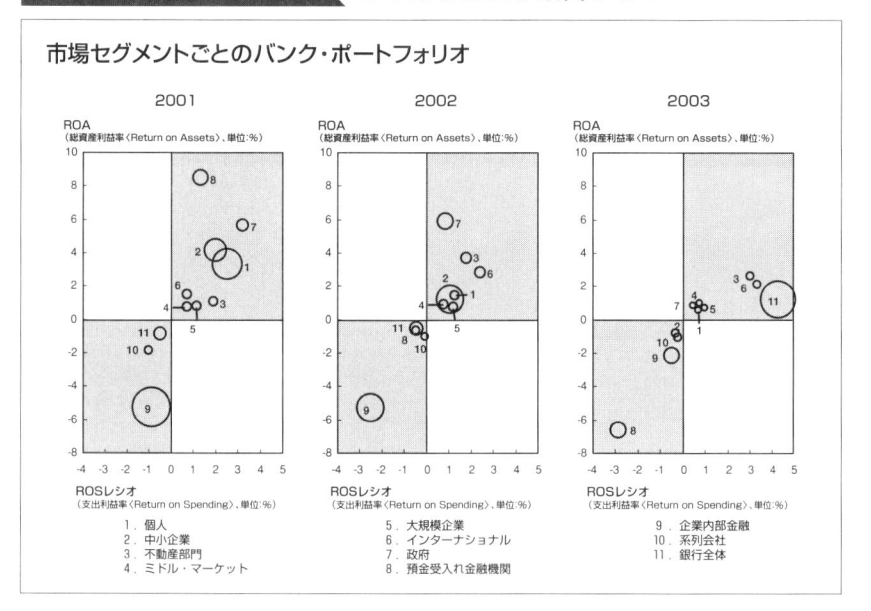

市場セグメントごとのバンク・ポートフォリオ

2001 / **2002** / **2003**

縦軸: ROA（総資産利益率〈Return on Assets〉、単位:%）
横軸: ROSレシオ（支出利益率〈Return on Spending〉、単位:%）

1．個人
2．中小企業
3．不動産部門
4．ミドル・マーケット
5．大規模企業
6．インターナショナル
7．政府
8．預金受入れ金融機関
9．企業内部金融
10．系列会社
11．銀行全体

解答欄

上手に枚数を増やす

通常、枚数を増やせばチャートは読みやすくなるが、大勢の聞き手に説明する場合にはいたずらに増やせばいいわけでもない

　お手上げだろうか？　あなたは11の数字が３年分のチャートの上を、まるでバブルのように、サイズを変えつつ元気よく動きまわっているのを追いかけながら、チャートのメッセージを理解しようとして、どれぐらいの労力を消耗しただろうか。

　私の解答例のように、メッセージをその構成要素となる概念ごとに分け、５つの別々のチャートにして話を理解させることが１つの解決策となる。問題23の解答例①で私はそれらすべてを１つのビジュアル上に見せたが、これは配布資料としてはうまく機能するだろう。大勢の聞き手に向けてスクリーンを使ったプレゼンテーションをする場合には、初めの２枚を１枚のスライドにまとめてこれから表れるチャートの読み方を説明しつつ、それに続く３枚のチャートをそれぞれ全画面表示でしっかり見やすくしてもよいだろう（問題23の解答例②〜⑤）。

　最初の２つを１枚にまとめたチャートによりマトリックスの軸とそのチャートの解釈の仕方を説明する。後半の３枚では、利益が向上したセグメント、変化のないもの、そして、この３年間で地位を失ったセグメントのそれぞれのパターンを見せる。

問題23

市場セグメントごとのバンク・ポートフォリオ

2001 / 2002 / 2003

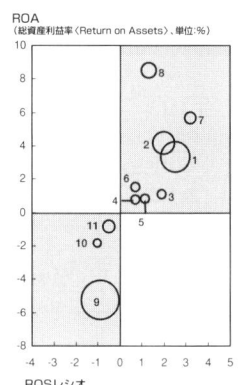

ROA（総資産利益率〈Return on Assets〉、単位:%）
ROSレシオ（支出利益率〈Return on Spending〉、単位:%）

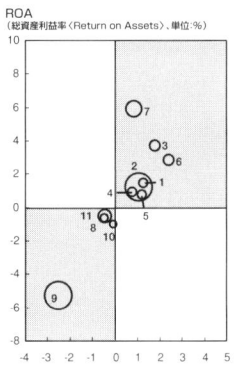

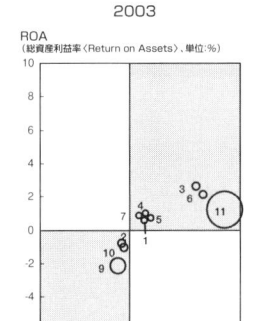

1. 個人
2. 中小企業
3. 不動産部門
4. ミドル・マーケット
5. 大規模企業
6. インターナショナル
7. 政府
8. 預金受入れ金融機関
9. 企業内部金融
10. 系列会社
11. 銀行全体

問題23の解答例①

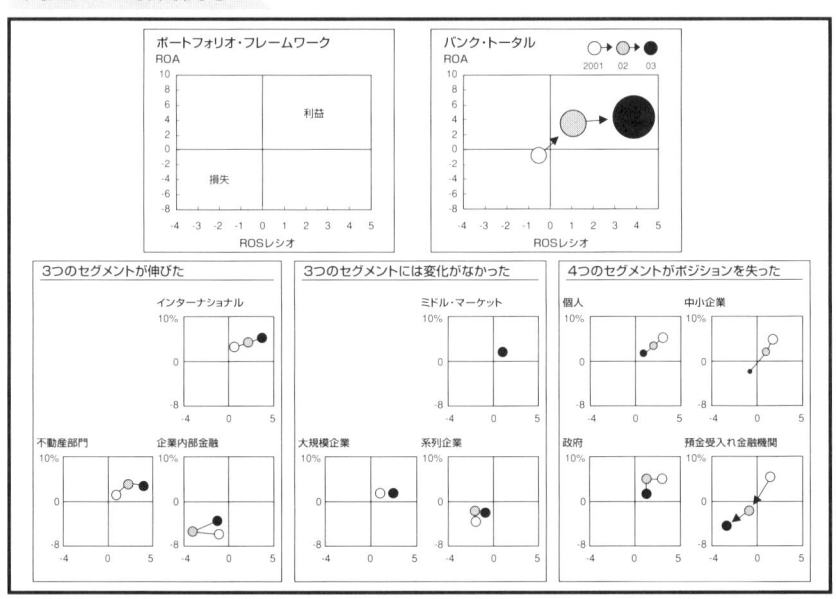

- ポートフォリオ・フレームワーク（利益／損失）
- バンク・トータル　2001 → 02 → 03
- 3つのセグメントが伸びた：インターナショナル、不動産部門、企業内部金融
- 3つのセグメントには変化がなかった：ミドル・マーケット、大規模企業、系列企業
- 4つのセグメントがポジションを失った：個人、中小企業、政府、預金受入れ金融機関

問題23の解答例②

市場セグメントごとのバンク・ポートフォリオ

ポートフォリオ・フレームワーク
ROA / ROSレシオ
利益 / 損失

バンク・トータル
ROA / ROSレシオ
2001 → 02 → 03

問題23の解答例③

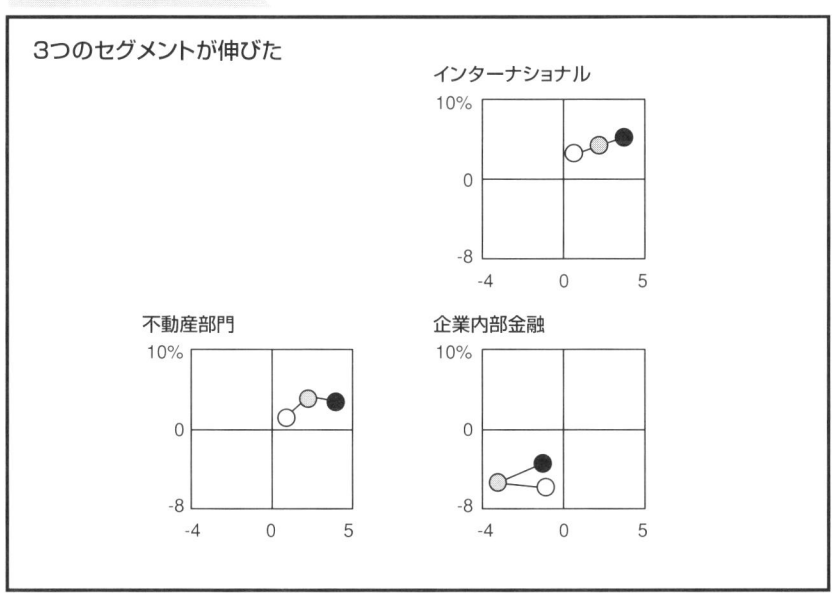

3つのセグメントが伸びた

インターナショナル

不動産部門

企業内部金融

問題23の解答例④

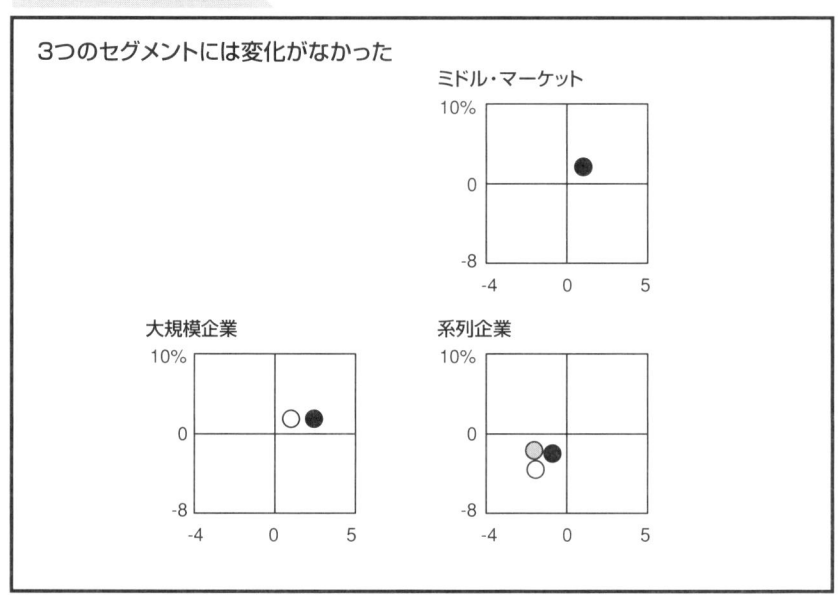

3つのセグメントには変化がなかった

ミドル・マーケット

大規模企業

系列企業

問題23の解答例⑤

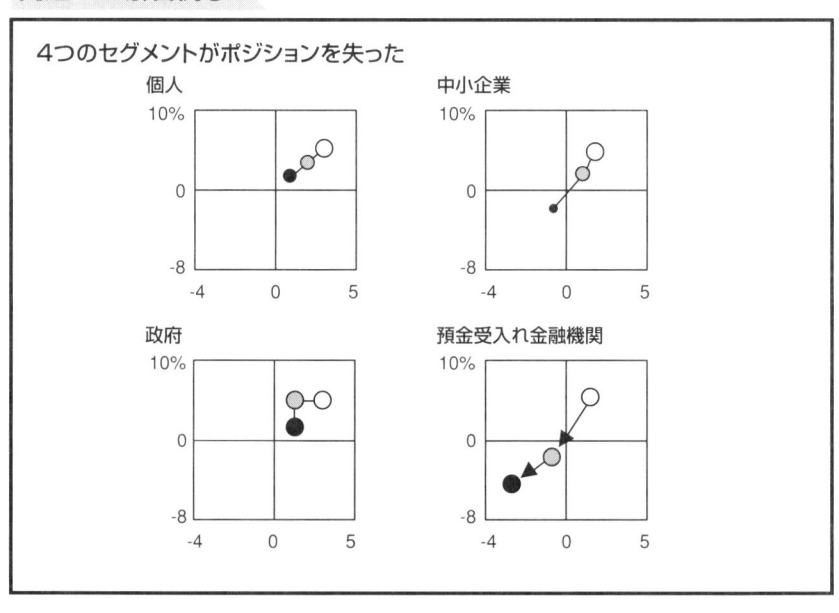

4つのセグメントがポジションを失った

個人

中小企業

政府

預金受入れ金融機関

問題 24　あなたならどう改善する？

公立学校に基本的権利を

- 優秀な校長や教員を育成し、集め、維持する
- 学校のカリキュラム、学習プログラム、学習環境を改善する
- 学校支援に優れた、顧客サービス重視を主要な目標とする経営陣を整備する
- 生徒の成果を向上させるために、資金を最大限に生かす
- 親とコミュニティーの関与を可能にするとともに活性化する
- 中間的（政府）機関との連携を最大限に利用する

解答欄

コンセプトとメタファーを使う

クリエイティビティーを駆使するアプローチを採用。印象に残るビジュアルを作成するには多くのサンプルをもつ必要あり

　この最後のチャートは単に読者の皆さんに、創造的で興味深いビジュアルをつくるのに最も確実な方法が拙著『マッキンゼー流　図解の技術』で解説していることを思い出してもらいたくて含めた。
　「Section 3　コンセプトとメタファーを使う」をのぞいてみてほしい。この章ではコンセプトチャートについてさまざまなアイデアを提供している。
　さて、私が見つけた選択肢のサンプルを紹介しよう。

問題24

公立学校に基本的権利を

- 優秀な校長や教員を育成し、集め、維持する
- 学校のカリキュラム、学習プログラム、学習環境を改善する
- 学校支援に優れ、顧客サービス重視を主要な目標とする経営陣を整備する
- 生徒の成果を向上させるために、資金を最大限に生かす
- 親とコミュニティーの関与を可能にするとともに活性化する
- 中間的（政府）機関との連携を最大限に利用する

問題24の解答例①

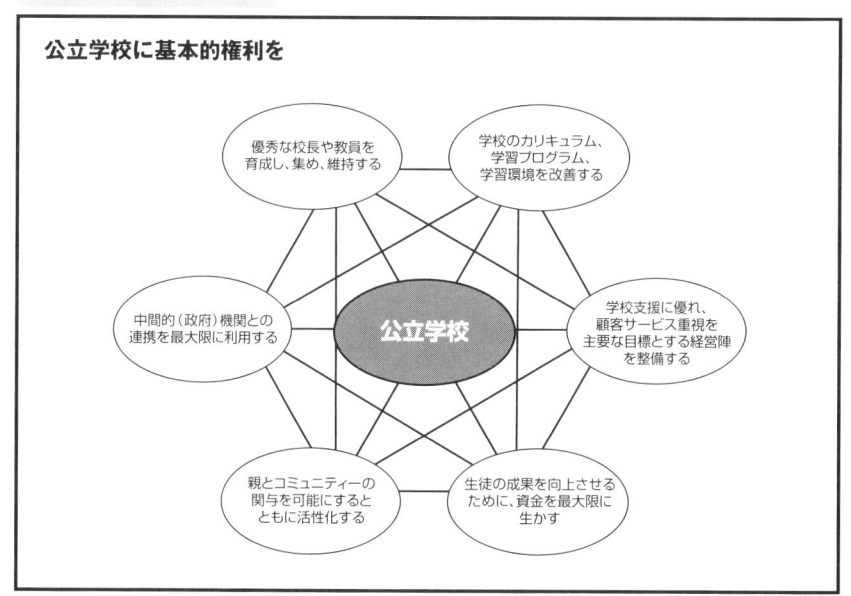

公立学校に基本的権利を

- 公立学校
  - 優秀な校長や教員を育成し、集め、維持する
  - 学校のカリキュラム、学習プログラム、学習環境を改善する
  - 学校支援に優れ、顧客サービス重視を主要な目標とする経営陣を整備する
  - 生徒の成果を向上させるために、資金を最大限に生かす
  - 親とコミュニティーの関与を可能にするとともに活性化する
  - 中間的（政府）機関との連携を最大限に利用する

問題24の解答例②

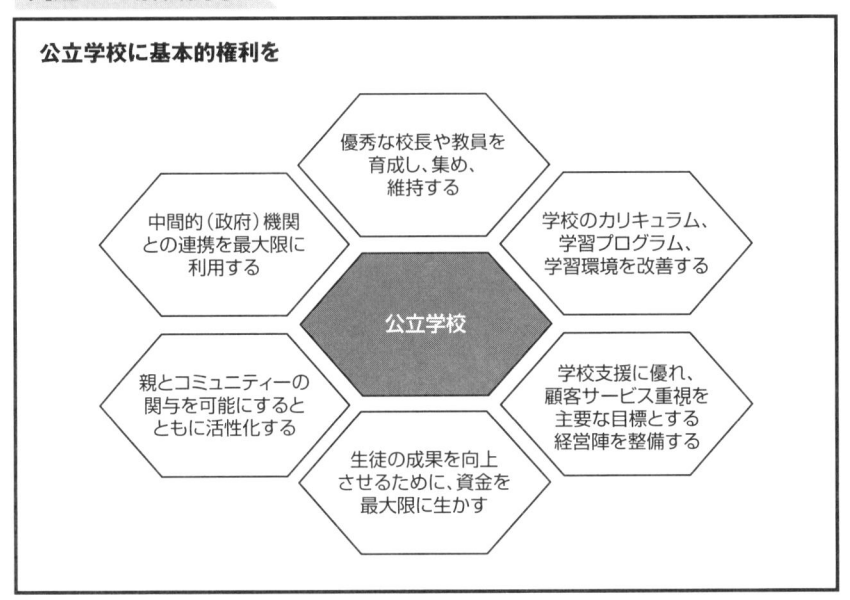

公立学校に基本的権利を

- 公立学校
  - 優秀な校長や教員を育成し、集め、維持する
  - 学校のカリキュラム、学習プログラム、学習環境を改善する
  - 学校支援に優れ、顧客サービス重視を主要な目標とする経営陣を整備する
  - 生徒の成果を向上させるために、資金を最大限に生かす
  - 親とコミュニティーの関与を可能にするとともに活性化する
  - 中間的（政府）機関との連携を最大限に利用する

問題24の解答例③

公立学校に基本的権利を

公立学校

- 優秀な校長や教員を育成し、集め、維持する
- 学校のカリキュラム、学習プログラム、学習環境を改善する
- 学校支援に優れ、顧客サービス重視を主要な目標とする経営陣を整備する
- 生徒の成果を向上させるために、資金を最大限に生かす
- 親とコミュニティーの関与を可能にするとともに活性化する

中間的（政府）機関との連携を最大限に利用する

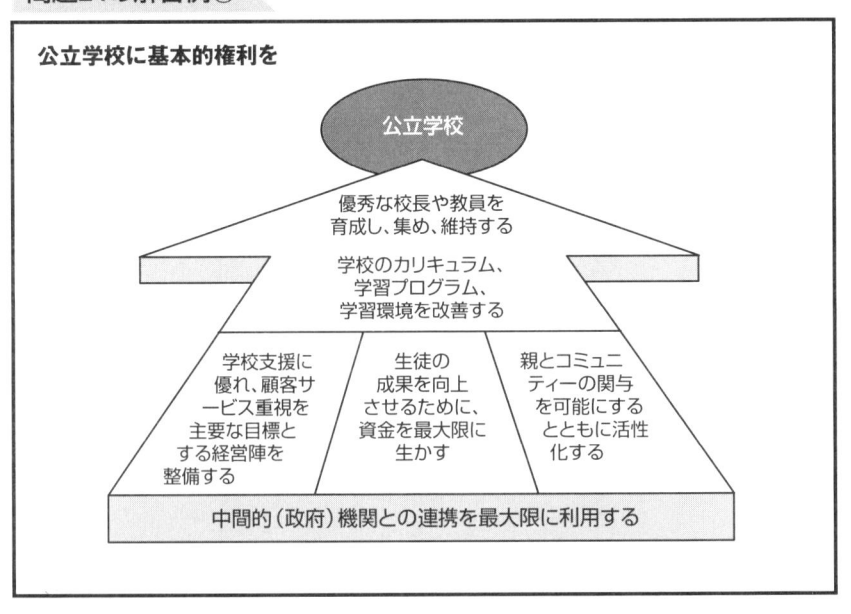

問題24の解答例④

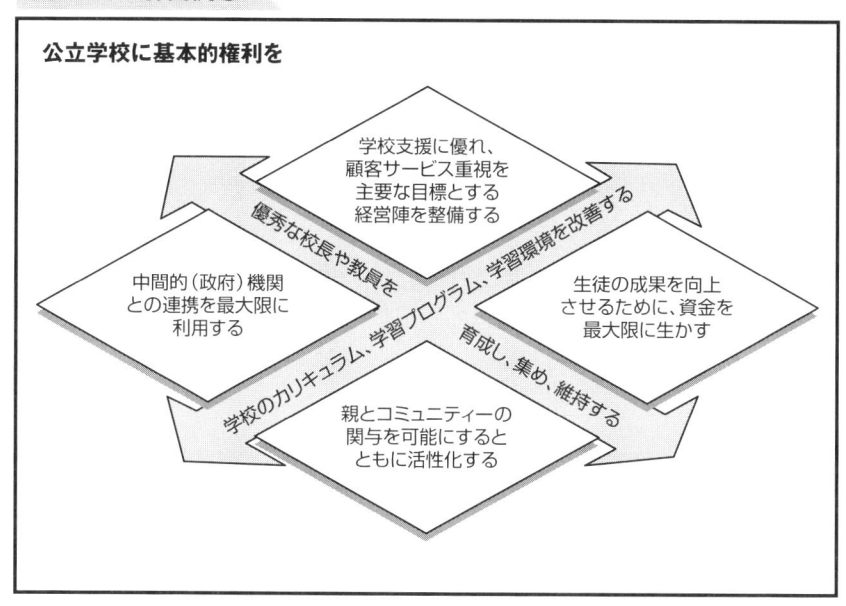

公立学校に基本的権利を

- 学校支援に優れ、顧客サービス重視を主要な目標とする経営陣を整備する
- 中間的（政府）機関との連携を最大限に利用する
- 生徒の成果を向上させるために、資金を最大限に生かす
- 親とコミュニティーの関与を可能にするとともに活性化する

（矢印ラベル）
- 優秀な校長や教員を育成し、集め、維持する
- 学校のカリキュラム、学習プログラム、学習環境を改善する

問題24の解答例⑤

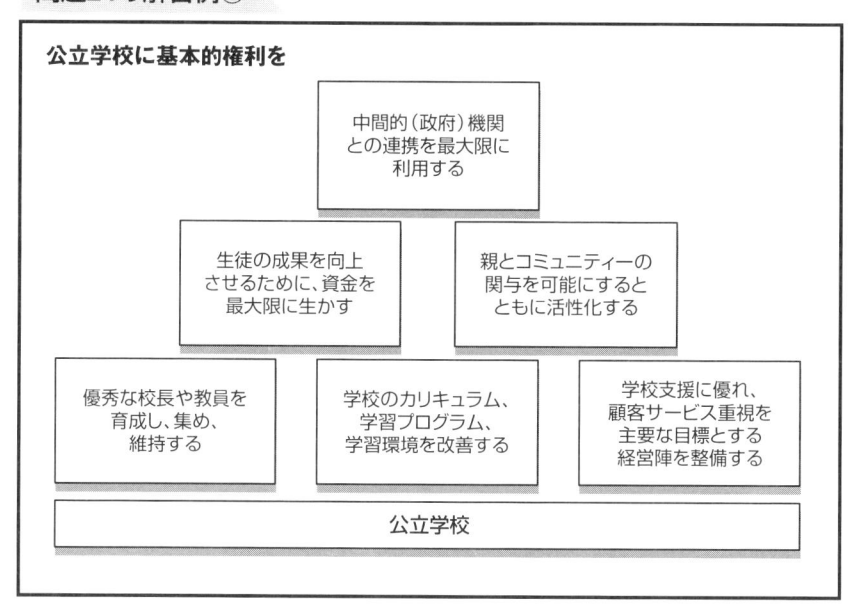

公立学校に基本的権利を

- 中間的（政府）機関との連携を最大限に利用する
- 生徒の成果を向上させるために、資金を最大限に生かす
- 親とコミュニティーの関与を可能にするとともに活性化する
- 優秀な校長や教員を育成し、集め、維持する
- 学校のカリキュラム、学習プログラム、学習環境を改善する
- 学校支援に優れ、顧客サービス重視を主要な目標とする経営陣を整備する

公立学校

問題24の解答例⑥

公立学校に基本的権利を

優秀な校長や教員を育成し、集め、維持する	学校のカリキュラム、学習プログラム、学習環境を改善する	学校支援に優れ、顧客サービス重視を主要な目標とする経営陣を整備する
生徒の成果を向上させるために、資金を最大限に生かす	親とコミュニティーの関与を可能にするとともに活性化する	中間的(政府)機関との連携を最大限に利用する

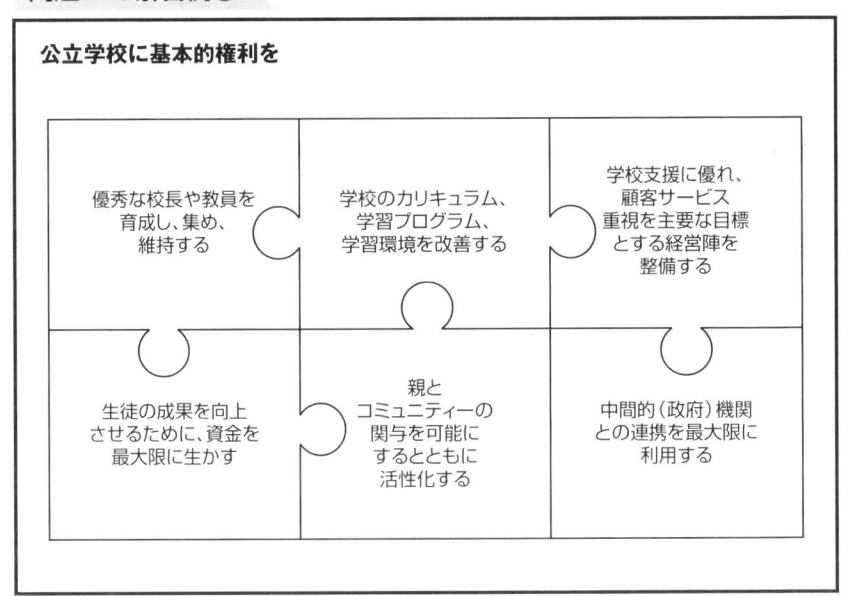

問題24の解答例⑦

公立学校に基本的権利を

出発

- 優秀な校長・教員を育成し、集め、維持する
- 学校のカリキュラム、学習プログラム、学習環境を改善する
- 学校支援に優れ、顧客サービス重視を主要な目標とする経営陣を整備する
- 生徒の成果を向上させるために、資金を最大限に生かす
- 親とコミュニティーの関与を可能にするとともに活性化する
- 中間的(政府)機関との連携を最大限に利用する

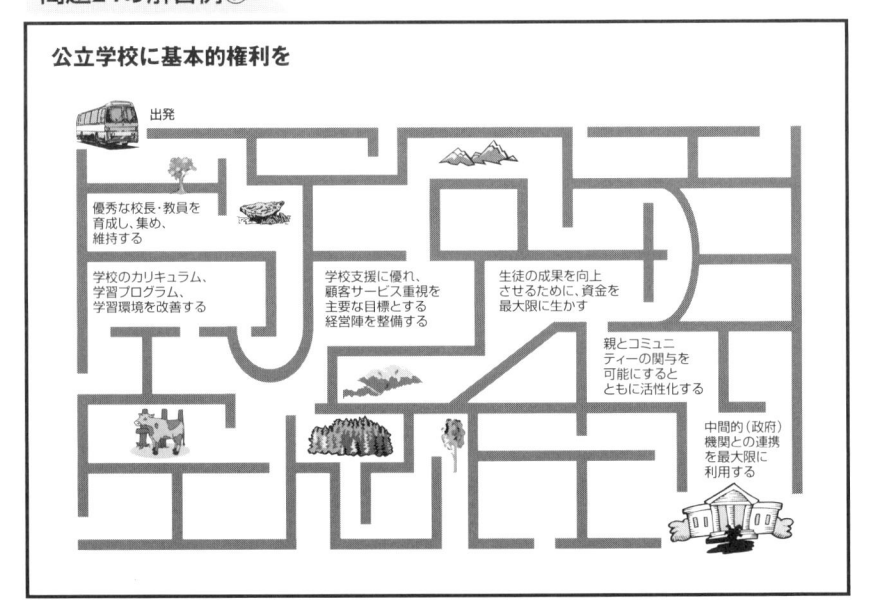

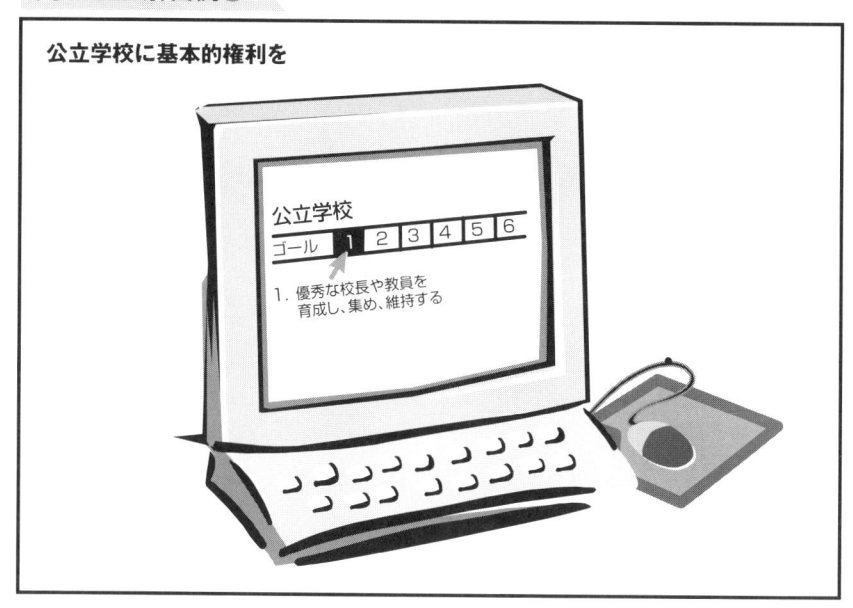

問題24の解答例⑧

公立学校に基本的権利を

公立学校
ゴール | 1 | 2 | 3 | 4 | 5 | 6

1. 優秀な校長や教員を育成し、集め、維持する

問題24の解答例⑨

公立学校に基本的権利を

PS REPORT CARD

- ☑ 優秀な校長や教員を育成し、集め、維持する
- ☑ 学校のカリキュラム、学習プログラム、学習環境を改善する
- ☑ 学校支援に優れ、顧客サービス重視を主要な目標とする経営陣を整備する
- ☑ 生徒の成果を向上させるために、資金を最大限に生かす
- ☑ 親とコミュニティーの関与を可能にするとともに活性化する
- ☑ 中間的（政府）機関との連携を最大限に利用する

Congratulations!

「みずから進んでチャートと遊ぶ」ことを
あなたがやり遂げたので、
証明書を発行します。

訳者あとがき
——「習うより慣れろ」を実践する

著者であるジーン・ゼラズニー氏は、戦略系コンサルティングファームの代表格、米国マッキンゼー・アンド・カンパニーのビジュアルコミュニケーション・ディレクターである。1961年の入社以来、プレゼンテーションや報告文書などについてコンサルタントたちへの指導を続けているという。昨今は同社を代表して欧米のビジネススクールで教鞭もとっている。

●実際につくることの大切さ

本書は日本語に訳されたゼラズニー氏の著作としては3作目となり、すでに日本語に訳されて刊行されている *Say It with Charts*（邦訳『マッキンゼー流　図解の技術』東洋経済新報社）の問題集のような位置付けにある。『マッキンゼー流　図解の技術』ではチャート作成のノウハウを解説することが狙いであったとするならば、本書の狙いは「ノウハウを使って、実際にチャートをつくる」ことにあるだろう。

訳者たちはチャート作成の技術向上にとって実際につくることの重要性を実感している。訳者の数江と菅野が主宰する経営塾BLTC（Business Leaders' Training Camp, http://www.bltc.co.jp）では、ビジネスパーソンにプレゼンテーションについての指導をする機会がある。その経験から気づいたことは、実際にチャートを作成し、そのチャートを戦略研

修のコーチにチェックしてもらう、あるいは他の参加者にアドバイスやフィードバック（時にはダメ出し）をしてもらう、こうした「作成→レビュー→再作成→レビュー→……」というサイクルを繰り返すことで、チャート作成能力が飛躍的に向上していくということだ。ノウハウも大切ではあるが、慣れの部分はさらに重要である。「習うよりも慣れろ」という言葉が当てはまる。

しかし、そうした指導は誰もが受けられるわけではない。高価な企業研修に参加する機会を得た、あるいは、周囲によい仲間や先輩がいるという幸運に恵まれる、こうしたことが限り訓練を積む場はなかなか得られない。

● 常に「よりよいチャート」を描く努力を

そこで役に立つのが本書である。本書では欠点のあるチャートが問題として提示され、まず読者自らが欠点を探し出し解決策を考え、実際にチャートを描いてみる方式を採用している。描いた後にゼラズニー氏による解説と解答例を読むことになる。「習うよりも慣れろ」を実践するための本である。

なお、自分なりのチャートを描く前に、ゼラズニー氏の解説や解答例を見たくなるだろうが、その誘惑に負けないでほしい。「慣れる」ためには、ともかく自分なりに描いてみることが必要である。そして、解説を読んだ後にも別の描き方がないかと考えてみたりするのがよい。「原著まえがき」で、「自分の解答例がベストだと言うつもりは全くない」とゼラズニー氏本人が述べているように、解答例よりもよいチャートを思いついたら、それも描いておくべきである。

さらに一通り本書を終えたら、ゼラズニー氏の他の著書、『マッキン

ゼー流　図解の技術』と『マッキンゼー流　プレゼンテーションの技術』に目を通して、図解とプレゼンテーションのノウハウを学び直してみてもよい。もちろん、この2冊を読み込んでから、本書にチャレンジしてもよい。ともかく、この3冊で解説していることをマスターできれば、相当なコミュニケーションスキルが身につくだろう。

　昨今はさまざまな形でプレゼンテーションを行なう機会が増えているように思う。読者の身の回りでも、その傾向は変わらないだろう。たかがプレゼンテーション、たかがチャートと侮ると、それまでさんざん議論してきた努力が水泡に帰すこともある。プレゼンテーションに対する入念な準備はもちろんのこと、日々コミュニケーションスキルを磨く努力は怠らないでほしい。

　一人でも多くの方に、本書を手にとっていただき、コミュニケーションスキル向上の一助としていただきたいと祈念している。

索　引

【あ　行】

アイデア　23
アイテム比較法　18, 68, 71, 88
イメージ　17
イラスト　97
インデックスチャート　40
ウォータフォールチャート
　　　　　　　　46, 49

【か　行】

箇条書き　43, 59
関係値　78
関連性　22, 52, 65, 101
聞き手　20, 35, 40, 49, 97
基準　101
基準線　62
基準値　94
脚注　88
クリエイティビティーを駆使するアプローチ
　　　20, 43, 55, 59, 65, 81, 97, 110

傾向　52
構成要素　25, 39, 49, 81, 105
言葉　17
コラム　25, 68, 71, 101
コラムチャート
　　　　18, 25, 49, 65, 68, 94, 101
コンセプト　111
コンセプトチャート　17, 20, 110
コンポーネント　39, 49
コンポーネント比較法　18

【さ　行】

細分面チャート　62
サブタイトル　46
時間軸　62
軸　32
時系列比較法　18, 25, 88
実数　91
視点を変えるアプローチ
　　20, 32, 39, 46, 49, 52, 62, 68, 71,
　　78, 88, 91, 94, 101
象限　97
図　32, 101

数値　17

数量で表せないチャート　19

ストーリー　28

スライド　23, 25, 35, 39, 74

セグメント　49, 105

相関比較法　18

相互作用　17, 19

創造力　43

組織図　19

【た　行】

タイトル　43, 55, 62, 88, 91

ダイヤグラム　43

単純にするアプローチ　20, 39, 85

地図　85

チャート　17, 39

チャートフォーム　25, 46

データチャート作成のガイドライン　18, 25

データチャート　17, 20

てこ　17, 19

ドットチャート　18

トレンド　28

【な　行】

流れ図　19

【は　行】

バー　22

バーチャート　18, 39, 68, 71, 88, 94

パイチャート　71

配付資料　40, 74, 97, 105

パズル　28

凡例　94

100%コラムチャート　49

100%バーチャート　94

表　32, 52, 85, 101

頻度分布比較法　18

フォース・アットワーク　17, 19

プレゼンテーション　11, 23, 28, 35, 55, 74, 105

フロー　19

プロセス　19

分配チャート　46

【ま 行】

枚数を多くするアプローチ
　　　　　20, 23, 35, 74, 97
『マッキンゼー流　図解の技術』
　　　　　3, 17, 19, 110
マトリックス　19, 105
メタファー　111
メッセージ　28, 62, 91, 105
メモ書き　35
目盛り　22, 49, 68, 88

【や 行】

矢印　59, 65, 81

【ら 行】

ラインチャート　18, 28
ラベル　46, 49, 71, 85, 94
欄　32
ランキング　40, 52
レイアウト　32
レイアウトスペース　62
レバレッジ　17, 19
レポート　35
レンジ　52
レンジ・コラムチャート　40

訳者紹介

数江 良一（かずえ りょういち）
1971年早稲田大学商学部卒業，日産自動車に入社．ノースウエスタン大学ケロッグ校でMBA取得後，ルイ・ヴィトン・ジャパンKKマーケティング・マネージャー，バカラ・パシフィックKK代表取締役専務，米タイメックス駐日代表を歴任．1997年にマーケティング・スコープ社を創業，企業向けの戦略研修を企画・実施する一方で，個人対象の経営塾BLTC（ビジネスリーダーズ・トレーニングキャンプ http://www.bltc.co.jp）を主宰．

菅野 誠二（かんの せいじ）
早稲田大学法学部卒業．IMD経営学大学院MBA．ネスレ日本にて営業，ブランドマネジャー，マッキンゼーにて数々の大手企業へのコンサルティング，ブエナビスタ（ディズニーのビデオ部門）にてマーケティングディレクターを務める．現在，ボナ・ヴィータ社を設立しベンチャー数社を支援する傍ら，コンサルティングとアクションラーニングを通じた企業変革に携わっている．

大崎 朋子（おおさき ともこ）
フリーランスの翻訳家．日英仏．英語講師．青山学院大学文学部英米文学科卒業．翻訳会社オフィースジャンヌを設立．企業文書一般，契約書，プレゼン資料，マーケティングケースのほか，ガイドブック，劇場パンフレット，レストランメニュー，絵本など幅広く翻訳活動を行なっている．

マッキンゼー流 図解の技術 ワークブック

2005年8月11日 第1刷発行
2008年7月30日 第3刷発行

訳者　数江良一／菅野誠二／大崎朋子
発行者　柴生田晴四
〒103-8345
発行所　東京都中央区日本橋本石町1-2-1　東洋経済新報社
　　　　電話 東洋経済コールセンター03(5605)7021　振替00130-5-6518
　　　　　　　　　　　　　　　印刷・製本　東洋経済印刷

本書の全部または一部の複写・複製・転訳載および磁気または光記録媒体への入力等を禁じます．これらの許諾については小社までご照会ください．
〈検印省略〉落丁・乱丁本はお取替えいたします．
Printed in Japan　　ISBN 978-4-492-55543-9　　http://www.toyokeizai.co.jp/

SAY IT WITH CHARTS
THE EXECUTIVE'S GUIDE TO VISUAL COMMUNICATION

マッキンゼー流 図解の技術

マッキンゼー・アンド・カンパニー
ビジュアル・コミュニケーション・ディレクター
ジーン・ゼラズニー【著】
数江良一／菅野誠二／大崎朋子【訳】

初版から20年、
米国で4版を重ねる
「超」ロングセラー。
待望の
日本語版登場。

定価（本体2200円＋税）

説得力があり、記憶に残る図表の作成方法を
米国マッキンゼー・アンド・カンパニーのエキスパートが解説する。
著者が提唱する3つのステップを実例とともに紹介。

ステップA あなたのメッセージを決める ▶ **ステップB** 比較方法を見極める ▶ **ステップC** チャートフォームを選択する

東洋経済新報社

SAY IT WITH PRESENTATIONS
HOW TO DESIGN AND DELIVER SUCCESSFUL BUSINESS PRESENTATIONS

マッキンゼー流 プレゼンテーションの技術

マッキンゼー・アンド・カンパニー
ビジュアル・コミュニケーション・ディレクター
ジーン・ゼラズニー【著】
数江良一／菅野誠二／大崎朋子【訳】

ベストセラー
『マッキンゼー流 図解の技術』の**第2弾！**

エキスパートが解説する
「提案・説得の技術」

定価（本体2200円＋税）

上手い、流暢なだけでは通用しない！
聞き手を動かすプレゼンを目指す人のために1冊。
基本の技術から、実行のためのチェックリスト、配布資料の
つくり方・使い方まで解説。

ステップ1 状況の分析 ▶ **ステップ2** 企画・設計 ▶ **ステップ3** 実行

東洋経済新報社

MARKETING —THE ART OF FINDING BREAKTHROUGH IDEAS

マーケティング企画技術
マーケティング・マインド養成講座

山本直人【著】

ビジネススクールでは教えない！
マーケティングの発想力と思考力を身につける

定価（本体2200円＋税）

観察から、発想、企画立案、プレゼンテーションまで
実務担当者に必要な基本プロセスが独習できる
画期的な基本テキストの登場！

第1部　現状を分析する技術 ▶ 第2部　針路を選ぶ技術 ▶ 第3部　考えを表現する技術

東洋経済新報社